Mon cheval
et moi

Mathilde Labat

Mon cheval
et moi

LAROUSSE

Sommaire

Avant-propos

Aussi loin que je me souvienne, les chevaux ont toujours occupé une place importante dans ma vie. J'ai la chance de les côtoyer depuis de nombreuses années et je partage aujourd'hui mon quotidien avec eux : ils sont mes compagnons de vie, mes amis et mes confidents.

Je suis fascinée par leur force, leur sensibilité et leur capacité à lire nos émotions.

Même sans mots ni paroles, ils savent me comprendre et me poussent sans cesse à grandir et à me dépasser pour toujours faire de mon mieux.

Pour moi, ce n'est pas seulement une passion. Le lien que je tisse avec eux est subtil ; il réside dans une confiance mutuelle, un équilibre entre respect et harmonie.

J'ai donc décidé d'interviewer des personnes issues d'horizons différents, mais unies par leur attachement à une ou plusieurs montures qui ont marqué leur vie.

Je vous souhaite une bonne lecture,

Mathilde

Pour bien *commencer*

Les différents championnats équestres

Les sports équestres incluent un grand nombre de catégories de compétitions et de championnats différents. Alors, parfois, on peut s'y perdre ! Mais pas de panique, je suis là pour vous aider à davantage comprendre l'organisation de la sphère « concours » du monde du cheval.

Un concours est l'une des étapes d'un circuit équestre, qui s'étend sur plusieurs mois. Tout au long de l'année, un cavalier peut ainsi participer à des compétitions régionales, nationales ou internationales, selon son niveau d'équitation, celui de son cheval, ses objectifs et son emploi du temps. Ce « week-end de concours », qui est en réalité plutôt une *semaine*, commence en général le mercredi ou le jeudi. La difficulté augmente de jour en jour, jusqu'à l'ultime épreuve, le Grand Prix, qui a généralement lieu le samedi ou le dimanche. Au niveau international, pour les sportifs, plusieurs circuits de compétitions majeures existent, en particulier en saut d'obstacles (*jumping* en anglais), qui est l'une des disciplines les plus populaires en France et en Europe. Concentrons-nous sur ce dernier exemple[1]. En l'espace d'une année, un couple cavalier-cheval peut participer aux principaux circuits suivants.

Longines Global Champions Tour (ou « Global »)

On le surnomme « le meilleur du saut d'obstacles » ! Ce circuit international, glamour et luxueux, est composé d'environ seize étapes qui se tiennent aux quatre coins du monde : Miami, Mexico, Shanghai, Monaco, Doha, Rome, Londres... Le but ? Cumuler des points au fil des compétitions afin d'être le meilleur au classement général à la fin de l'année, en individuel ou en équipe avec d'autres cavaliers.

Rolex Grand Slam of Showjumping (ou « Grand Slam »)

Sans aucun doute le plus prestigieux circuit annuel qui existe aujourd'hui – on pourrait le comparer au Grand Chelem en tennis. Il rassemble quatre compétitions mythiques : les Dutch Masters aux Pays-Bas (mars), le CHIO Aachen en Allemagne (juillet), Spruce Meadows au Canada (septembre), le Concours hippique international de Genève (décembre). Pour être vainqueur de ce circuit, le cavalier doit remporter trois Grand Prix d'affilée parmi les quatre, un exploit accompli une seule fois en 2015 par l'Écossais Scott Brash – dix ans plus tard, toujours pas de nouveau vainqueur...

---

[1] Les circuits des autres disciplines sont assez similaires.

Au CHIO Aachen, on peut même voir des panneaux de circulation pour les chevaux ! On pourrait traduire celui-ci par « Stop ! Passage de chevaux ».

League of Nations

Organisée par la Fédération équestre internationale (FEI), elle comprend plusieurs étapes et se conclut par une finale, au mois de septembre. Les cavaliers jouent en équipe de quatre et représentent leur pays – ils donnent tout pour obtenir la meilleure médaille à l'automne ! Grégory Wathelet (voir p. 110) a gagné la finale avec l'équipe belge en 2022.

Circuit de Coupe du monde de saut d'obstacles

Ce circuit est également organisé par la FEI. Les clubs équestres de chaque continent s'associent pour former une ligue sportive. Dans un premier temps, les cavaliers membres d'une même ligue (européenne, nord-américaine, sud-américaine, etc.) s'affrontent entre eux. Les qualifiés se rejoignent ensuite pour la grande finale, qui a lieu une fois par an. Lequel remportera le titre très convoité de vainqueur de la Coupe du monde ?

À ces circuits s'ajoutent les championnats de France (tous les ans), d'Europe (tous les deux ans) ainsi que les championnats du monde et les Jeux Olympiques (tous les quatre ans). Si un cavalier et sa monture participent à toutes les compétitions, comme Steve Guerdat et Dynamix (voir p. 104) ces dernières années, leur calendrier ressemblerait au schéma ci-dessous.

ANNÉE 1
Championnats d'Europe

ANNÉE 2
Championnats du monde

ANNÉE 3
Championnats d'Europe

ANNÉE 4
Jeux Olympiques

Monture et cavaliers partagent donc un quotidien plutôt rempli ! Mais comment savoir quel circuit de compétition privilégier ? Tout dépend des capacités du cavalier et des chevaux qu'il a sous sa selle pendant l'année. Il peut très bien en avoir un ou plusieurs très bons, qui lui permettront de participer à l'un ou l'autre des circuits (ou même à plusieurs à la suite), ou vivre des années plus creuses en retrait du très haut niveau, qu'il pourra consacrer à la formation des chevaux plus jeunes.

Former les pépites de demain

D'autres compétitions sont davantage centrées sur les montures. Par exemple, durant les épreuves « jeunes chevaux », les cavaliers forment les futures stars pour les habituer aux terrains de concours, en national ou en international, selon leur piquet de chevaux.

Et les cavaliers américains, asiatiques et orientaux ?

Ils ont eux aussi leurs championnats continentaux, qui se déroulent également à intervalles réguliers, comme les Jeux Asiatiques, les Jeux Panaméricains, les Jeux Arabes, etc. Quel planning !

ONE GRAND SLAM
GRAND SL

Qui constitue l'équipe d'un cavalier ?

Certes seuls sous les feux des projecteurs en spectacle ou en compétition, les cavaliers et cavalières sont toutefois entourés d'une équipe qui les épaule au quotidien : elle s'occupe d'organiser la vie aux écuries et du bien-être de leurs pensionnaires. Évoluer dans le monde du cheval nécessite un travail collectif, dont la majeure partie se déroule en coulisses.

Bien avant les cavaliers, il y a... les chevaux ! Passionnés par la génétique, naisseurs et éleveurs se consacrent à la reproduction équine, en étudiant les souches et les lignées avec attention afin d'obtenir des chevaux beaux, pensés pour le sport, pour le spectacle ou pour le loisir. C'est grâce à leur travail remarquable que naissent de futures stars ! Dès qu'un cheval rejoint une écurie pour y poursuivre une carrière sportive, de nombreuses personnes s'activent afin de maintenir cet athlète et son cavalier en forme.

Le **coach** (ou entraîneur) fait travailler monture et cavalier, aussi bien les débutants que les professionnels. Un regard extérieur est toujours très utile pour progresser. Un coach peut intervenir sur place ou en visio, à la maison ou en compétition, afin d'appréhender au mieux ce qui attend le duo qu'il encadre. La plupart des cavaliers et cavalières de haut niveau sont aussi suivis de près par des **coachs mentaux**, qui les aident à gérer le stress et ainsi à optimiser les performances. La réussite, un vrai travail d'équipe !

Les **grooms** veillent quotidiennement au bien-être du cheval : ils le nourrissent, nettoient son box, s'occupent de lui avant et après les entraînements. À haut niveau, leur travail est extrêmement important, puisqu'ils épaulent le cavalier aux écuries comme sur les terrains de compétition. Par exemple, quand le cavalier se rend à un concours avec certains de ses chevaux, un groom « concours » l'accompagne et un groom « maison » reste aux écuries.

Le **vétérinaire**, qui travaille souvent en collaboration avec l'écurie, assure le suivi médical du cheval, lequel consulte aussi régulièrement un **ostéopathe** (qui l'ausculte avant ou après les compétitions), des **masseurs**, des **praticiens de shiatsu**, un **nutritionniste équin**... À chaque soin son intervenant ! Le cavalier est lui aussi suivi par les mêmes professionnels de santé, mais pour les humains.

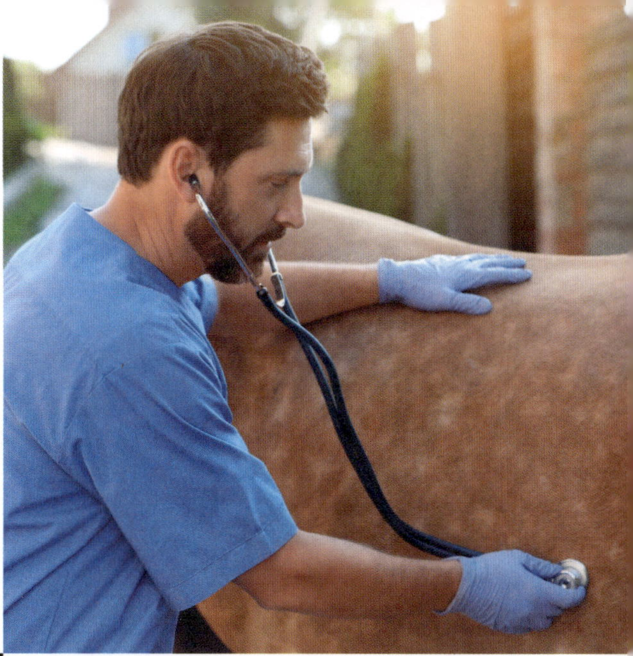

Le **maréchal-ferrant** s'assure du confort du cheval, qu'il soit ferré ou pied nu. Comme dit le dicton, « pas de pied, pas de cheval » – si un cavalier ne veille pas à entretenir régulièrement les pieds de sa monture, il ne pourra pas faire grand-chose avec elle ni aller bien loin.

Le rôle des propriétaires équestres

À haut niveau, les propriétaires sont aussi indispensables dans la pratique des sports équestres. En investissant dans des chevaux de concours, ils permettent aux athlètes de les monter, de leur faire prendre de la valeur et de faire de leur passion leur métier à temps plein. Leur soutien est indéniable dans la réussite sportive des couples à haut niveau. L'aide financière des sponsors est enfin également très importante ; grâce à elle, les athlètes peuvent être accompagnés dans leur pratique sportive tout au long de l'année, au fil des différentes échéances qui ponctuent cette dernière.

Galerie de portraits

J'ai souhaité partir à la rencontre de passionnés du cheval (cavaliers, éleveurs, artistes), qui ont tous un point commun : leur amour des chevaux et des histoires captivantes à raconter ! Ils vivent avec eux, pour eux, et ont organisé leur carrière professionnelle, voire leur vie tout entière autour de ces splendides animaux. Qui sont-ils, et d'où leur vient cette passion ?

Jeanne Hirel

Depuis toujours, Jeanne, originaire d'Occitanie, aime le contact avec les chevaux et la compétition. Ça tombe bien, elle se découvre très jeune une passion pour le saut d'obstacles ! Elle prend part à ses premiers concours et rencontre bientôt Vedouz de Nestin, celui qui marquera ses années poney. Ils grandissent et progressent ensemble, avant d'être sacrés champions d'Europe. Pour rencontrer cet énergique duo, rendez-vous page 22.

Clémence Faivre

Ce n'est pas un hasard si Clémence se passionne très tôt pour les chevaux : elle grandit à Chantilly (Oise), surnommée la « ville princière du cheval » (car aménagée et développée par les princes de Condé, dynastie friande d'équitation). Après avoir quitté ses études de théâtre pour vivre de sa passion, elle se forme dans de célèbres écuries de spectacle équestre, puis s'installe en Espagne et crée son propre haras. C'est en terre ibérique qu'elle fait la connaissance de Gotan et de Fuego, avec lesquels elle révolutionnera le monde du spectacle équestre. Ces trois-là sont de sacrés numéros, dont la représentation commence page 32.

Gilles Le Mouellic

Il a fait naître l'un des meilleurs poneys français de l'histoire, pourtant lui-même ne s'y attendait pas ! C'est par hasard que Gilles se lance dans l'élevage de poneys connemara. Au printemps 1991, la chance lui sourit, et dans ses prairies de Bretagne naît un petit ange blanc prénommé Dexter Leam Pondi, un poney qui marquera durablement tous ceux qui ont croisé sa route. Découvrez pourquoi page 44.

Maya Denis

Maya naît au Mexique et s'initie à l'équitation avec une petite jument dans des écuries près de chez elle. Elle prend ensuite part à des compétitions internationales dans le monde entier, puis déménage en Floride afin d'y poursuivre sa carrière. Elle partage aujourd'hui sa vie avec ses chevaux, qui vivent au naturel dans ses écuries à ciel ouvert, et ne manque jamais une occasion de monter Jantien de Muze, son cheval de cœur. Une compétition a mis leur amitié à rude épreuve, mais, à force de travail, ils ont réussi à en sortir plus soudés que jamais. Un récit riche en sensations fortes à retrouver page 52.

Thierry Rozier

Bien que né dans une famille de cavaliers, Thierry le devient assez tardivement, puis il se reconvertit dans le coaching après quelques années à haut niveau. Mais le naturel revenant (toujours) au galop, le voilà embarqué dans un pari fou, qui l'amène à croiser la route de Venezia, une extraordinaire jument qui l'aidera à reprendre confiance en lui. Revivez leur parcours hors du commun page 62.

Benjamin Aillaud

À 6 ans seulement, Benjamin, aujourd'hui cavalier et meneur d'attelage professionnel, devient propriétaire de son propre poney, Apache. Dès lors, là-haut dans la montagne où se trouve la ferme Aillaud, l'inséparable duo vit d'épiques aventures dans la nature sauvage qui, loin d'effrayer ce petit garçon fan de westerns, devient leur terrain de jeu. Vibrez avec eux au cours d'une ébouriffante expérience de ski à cheval page 70.

Pauline Basquin

Après avoir grandi entourée des chevaux du centre équestre de ses parents, Pauline commence des études supérieures pour devenir professeure d'EPS, mais sa passion la rattrape. Elle intègre bientôt les rangs du Cadre noir de Saumur, une prestigieuse école française d'équitation qui forme des écuyers depuis 1825. On lui présente alors un petit cheval noir très particulier, nommé Sertorius de Rima Z*IFCE, avec lequel elle vivra une aventure haute en couleur. Rejoignez ces deux battants page 80.

Jean-François Pignon

Connu dans le monde entier, Jean-François doit sa notoriété à sa méthode de dressage originale. Pionnier du travail en liberté, il communique avec ses chevaux à travers un subtil jeu de regard et de gestes. Ses gracieux spectacles éblouissent bon nombre de pays depuis plus de trente-cinq ans, tant et si bien qu'un jour on le contacte pour participer, avec sa troupe, à un défilé de mode. Une aventure étonnante qu'il vous raconte page 90.

Laure et Frédéric Aimez

À l'élevage de Bélhème, en Normandie, on est éleveur de chevaux de père en fille ! Frédéric, passionné depuis son plus jeune âge, a transmis son amour des équidés à sa fille, Laure. Depuis de nombreuses années, ils font naître dans leurs prairies de superbes poulains, promis à de belles carrières sportives. Parmi eux voit le jour une petite jument en 2013, future vedette du jumping... Toute l'histoire vous attend page 100 !

Grégory Wathelet

Membre de l'équipe belge de jumping, Grégory a travaillé avec de nombreuses montures au cours de sa carrière de cavalier professionnel. Son cœur bondit dans sa poitrine lorsque Forlap rejoint ses écuries, en 2012. Pourrez-vous retenir votre émotion à la lecture de leur poignante histoire page 110 ?

Pedro Veniss

Enfant, Pedro rêve de représenter son pays, le Brésil, aux concours hippiques les plus prestigieux, dont il regarde les retransmissions à la télévision. Alors, très jeune, il s'envole pour l'Europe avec en tête un projet, celui de devenir cavalier professionnel. Quelques années plus tard, il croise la route de Quabri de l'Isle, un cheval qui deviendra son meilleur ami. Une belle rencontre qui les mènera très loin... Pedro réalisera-t-il son rêve ? Vous le saurez page 120 !

Témoignages

« Je suis devenue championne d'Europe avec mon alter ego »

Après avoir grandi ensemble, Jeanne Hirel et son poney, Vedouz de Nestin, se découvrent de nombreux points communs : chacun partage la même envie de gagner. Ils développent peu à peu une relation aussi complice que fusionnelle, qui se traduit par une jolie complicité en compétition.

SURPRISE AU SOLEIL

En ce mois de juillet 2016, l'ambiance est aux vacances, mais Jeanne, 10 ans, et ses parents roulent vers Lamotte-Beuvron (Loir-et-Cher), où ont lieu, comme chaque année, les championnats de France d'équitation. Ils rassemblent plus de 15 000 cavaliers et cavalières venus des quatre coins du pays ; tous rêvent de repartir avec une médaille d'or au terme de cette semaine toujours mouvementée.

Lors d'un après-midi libre entre deux épreuves, Jeanne profite de cette pause bien méritée pour aller voir Vedouz de Nestin, un poney à vendre dans une écurie non loin de là. La petite fille et ses parents l'ont repéré depuis déjà quelques semaines, alors pourquoi ne pas lui rendre visite pendant qu'ils sont sur place ?

Lorsque la famille Hirel et les coaches de Jeanne arrivent à l'écurie, ils réveillent toute une ménagerie, où se côtoient des chevaux, des ânes, des dromadaires et même une panthère ! Mais où se trouvent-ils donc ? « *Eh bien,* leur révèle le propriétaire, *dans une ferme d'animaux de cinéma !* » C'est dans ce lieu un peu particulier que Jeanne et Vedouz se rencontrent. Tous deux sont curieux l'un de l'autre. « *Je l'ai regardé dans les yeux, je lui ai caressé l'encolure et je suis directement montée sur son dos* », se souvient Jeanne.

« Tout le monde a dit la même chose : "C'est un coup de cœur, on ne peut pas passer à côté d'un tel poney !" »

La séance d'essai qu'ils effectuent en carrière reste certes assez basique, mais la petite fille décèle déjà une certaine indulgence du poney à son égard : « *Il a fait preuve d'une extraordinaire gentillesse envers moi : lorsque je commettais des erreurs – normales à l'âge que j'avais – en selle ou si je me trompais sur un abord d'obstacle, une distance ou une foulée, il s'adaptait et me pardonnait tout. Ce n'était pas un problème pour lui.* » Cavalière, coaches et parents tombent alors d'accord.

C'est en Occitanie, et plus précisément dans le Haut-Languedoc, que Jeanne a commencé l'équitation.

AMIS PETIT À PETIT

Dès son retour chez elle, Jeanne peut commencer à s'entraîner avec Vedouz... et cela fait des étincelles ! Le poney et la petite fille partagent en effet le même tempérament : « *En toute franchise, une fois Vedouz arrivé à la maison, cela ne se passait pas très bien entre nous. Malgré la super séance d'essai qu'on avait passée ensemble à Lamotte-Beuvron, je n'arrivais pas à travailler efficacement avec lui. Il avait énormément de potentiel, on le savait, mais aussi un caractère très fort. Il est têtu, mais jamais rancunier – comme moi, je dois dire ! Alors tous les deux, on a mis du temps à trouver notre tempo et à s'apprivoiser.* »

Il en faut pourtant plus pour décourager Jeanne et Vedouz, qui parviennent, progressivement, à trouver un terrain d'entente. Un travail éprouvant qui demande patience et connaissance de soi, ce qui n'est pas toujours facile lorsqu'on est une adolescente à la vie bien remplie, rythmée par les cours et les entraînements (« *À cette époque, au quotidien, j'avais mes cours au collège et huit chevaux à monter en séance !* »).

Toutefois, à force de travail et au contact de Vedouz, Jeanne gagne en maturité[2] et, peu à peu, parvient à lier une forte connexion avec son impétueux poney : « *Au fil des entraînements, on a travaillé ensemble, en se remettant continuellement en question et en s'adaptant l'un à l'autre. On a donc fini par trouver des "compromis" qui nous convenaient. Je pense que c'est ainsi que notre lien a commencé à se créer. Dès lors, on est devenus meilleurs amis !* »

Petit à petit, Vedouz se prend d'affection pour cette jeune cavalière qui vient quotidiennement s'exercer avec lui : « *Tous les jours, quand j'arrivais aux écuries, j'étais à peine sortie de la voiture que je l'appelais. Le parking avait beau se trouver à plus de cent mètres de son box, il levait brusquement la tête et hennissait en retour. Moi, je lui répondais, et lui aussi, et ainsi de suite ; on se parlait jusqu'à ce que j'aie atteint son box. C'était chaque jour la même routine, comme si on avait des conversations. Dès que j'étais avec lui, il me faisait des bisous et des câlins – des moments de pur bonheur !* »

Dans les moments de panique, la vue de Jeanne apaise Vedouz immédiatement, comme ce jour où, affolé, il tente de libérer sa queue coincée dans la porte de son box. Alertée par le vacarme, sa cavalière se précipite : « *Il se débattait et tirait de toutes ses forces... Si la porte ou ses crins avaient cédé, il serait tombé en avant et aurait risqué de se briser les cervicales.* »

Les yeux emplis de peur, Vedouz entend Jeanne hurler qu'on lui apporte des ciseaux : « *C'était la seule solution que j'aie pu envisager : couper tous les crins de sa queue. En attendant les ciseaux, je lui ai parlé pour essayer de le calmer.* » Son initiative se révèle payante : Vedouz la regarde et se détend au son de la voix de Jeanne, qui n'en revient pas. « *Dès qu'il m'a vue, il a arrêté de se débattre et a attendu que je le libère. C'était impressionnant : en quelques instants, il a complètement changé d'attitude, je l'ai vu dans son regard. J'ai alors pu le détacher sans utiliser les ciseaux et sauver ses jolis crins !* »

---

[2] Voir p. 30-31.

LE GRAND SAUT

Grandissant ensemble, Jeanne et Vedouz approfondissent au fur et à mesure leur relation. La confiance qu'ils se portent mutuellement et leur force de caractère deviennent de véritables atouts en compétition. Lorsque l'un s'enflamme, l'autre l'apaise. Ils n'ont peur de rien : « *Quand j'étais en selle sur lui, je savais qu'il ne pouvait rien m'arriver, et je crois que ça valait pour lui aussi. On se sentait en sécurité l'un avec l'autre.* »

Après avoir enchaîné les concours, ils finissent par obtenir le titre de champions de France AS Poney Elite CSO 2021 en juillet, au Mans, ce qui leur vaut une qualification en équipe de France et leur ouvre les portes d'une prestigieuse compétition : les championnats d'Europe Poney 2021, en août ! Comment notre duo s'en sortira-t-il ?

« Lui et moi, on visait les mêmes objectifs, on le savait. »

Pour cette édition, c'est à Strzegom, une petite ville du sud de la Pologne, que l'élite du sport poney se rend. Plus déterminés que jamais, Jeanne et Vedouz visent l'or : « *Je concours pour la victoire, c'est quelque chose qui est en moi. Vedouz partage la même envie : en entrant en piste, il a toujours été un lion. Lui et moi, on visait les mêmes objectifs, on le savait. On s'est toujours compris : l'épreuve revêtait la même importance pour l'un et l'autre.* » Ce que Vedouz ne sait pas, c'est que Jeanne a aussi une revanche à prendre, sur ce sol polonais qu'elle connaît bien...

En 2019, alors que Jeanne participait déjà aux championnats d'Europe avec une autre ponette, elle avait eu de superbes résultats en équipe et s'était qualifiée pour la finale en individuel du dimanche. Hélas, sa selle, mal ajustée, avait glissé, et Jeanne s'était retrouvée éliminée de la compétition. Alors cette année, en 2021, l'or doit être pour elle ; d'autant plus que, désormais âgée de 16 ans, Jeanne fera bientôt ses adieux aux compétitions poney... et à ses années en compagnie de Vedouz. La semaine à venir comporte donc des enjeux multiples pour le duo, qui ne cède pas sous la pression.

La compétition, qui se déroule du mercredi au dimanche, ne leur fera pas de cadeau : les épreuves de saut ont lieu quasiment tous les jours et commencent dès le mercredi. En outre, la règle des championnats s'applique : tous les points de pénalité – comme les barres qui chutent ou les chronos dépassés de quelques secondes – comptent et sont cumulatifs. Selon les épreuves, les cavaliers s'affronteront par équipes (de quatre) et en individuel.

Les équipes gagnantes recevront leur récompense vendredi après-midi. Quant aux cavaliers qui auront enregistré les meilleures performances pendant les trois premiers jours, ils se disputeront le titre de champion d'Europe en individuel lors d'une finale le dimanche. En résumé : que le meilleur gagne !

Concentré comme jamais, le binôme Jeanne-Vedouz réussit, le premier jour, un sans-faute en individuel, qui les place en haut du classement provisoire et les qualifie pour la finale... Et voilà qu'il réitère son exploit le vendredi lors de l'épreuve en équipe. Les trois coéquipières de Jeanne étant aussi au rendez-vous, les quatre « Bleuettes » montent fièrement sur la première marche du podium au son de *La Marseillaise*, qui retentit dans la chaleur du mois d'août. Mission accomplie ! Jeanne a le sourire aux lèvres, galvanisée pour la finale qui l'attend. Avec Vedouz, ils y arriveront – ils en sont certains, tous les deux.

LET THE GAME BEGIN

Dimanche, la tension est à son comble : chevaux et supporters piaffent d'impatience à l'idée de cette finale en deux manches. Tout le monde est venu encourager son cavalier ! Enfin, les candidats s'élancent un à un. Malgré la fatigue ambiante et la chaleur écrasante, Jeanne et Vedouz restent aux aguets. Face à eux se dresse un parcours de douze obstacles, doté de combinaisons assez techniques : un double en bord de piste, un triple imposant, une rivière... Autant de possibilités de commettre une erreur !

Jeanne flatte l'encolure de Vedouz, et les voilà partis. Toute leur équipe se fige, mais Vedouz enchaîne les sauts avec l'agilité d'un félin, et pas une barre ne touche le sol. À la vue de ce nouveau sans-faute, les tribunes explosent de joie.

Cependant, rien n'est encore joué : la deuxième manche et ses dix obstacles redoutables se profilent. Si Jeanne et Vedouz font un faux pas, l'or leur filera entre les doigts et les sabots... Vedouz a beaucoup donné, Jeanne aussi, mais la petite phrase que cette dernière souffle à sa coach Marie-Reine Périé résume leur état d'esprit : « *Ne vous inquiétez pas, Marie-Reine, s'il me faut porter Vedouz sur mes épaules, je le ferai.* »

« S'il me faut porter Vedouz sur mes épaules, je le ferai. »

Le ton est donné : ils iront jusqu'au bout coûte que coûte. Premiers au classement provisoire, et donc derniers à passer, Jeanne et Vedouz s'élancent dans cet ultime parcours, qui signera la fin des « années poney » de la cavalière. L'ambiance est électrique... Silence. Avec un galop rythmé, Vedouz franchit les neuf premiers obstacles avec une aisance époustouflante. Il sait ce qu'il fait, c'est indéniable. Il connaît les enjeux de ces championnats, pour lesquels il s'est entraîné sans relâche avec sa cavalière.

Le dixième obstacle, un imposant oxer, se rapproche. S'ils le franchissent, à eux la médaille d'or. Plus que deux foulées, une... Hop, Jeanne et Vedouz s'envolent. Elle y croit, lui sait qu'il peut le faire. Le camp français, comme suspendu aux sabots du poney, s'arrête.

Et le miracle se produit : Vedouz ne frôle même pas les barres et retombe de l'autre côté de l'obstacle, comme au ralenti. À peine a-t-il touché le sol que Jeanne lève les bras en l'air, folle de joie : ils ont réussi. Quelle belle récompense pour toutes leurs années de travail et de précision ! Le temps, un instant arrêté, reprend son cours dans l'euphorie la plus totale.

Vedouz rayonne de fierté, Jeanne le voit à son regard : « *Mine de rien, le regard des chevaux nous transmet beaucoup... Ils savent tout et ressentent tout. Je crois que si on les aime, ils nous le rendent – c'était le cas avec Vedouz. Je l'aimais plus que tout, et réciproquement. La preuve ? Pendant cette année de concours, notre dernière ensemble, il a fait 100 % de parcours sans faute*[3]. *Des chevaux qui se donnent autant pour leur cavalier, on n'en croise pas tous les jours ! Alors cette victoire à Strzegom, c'était son sacre à lui aussi. C'est bien plus qu'un poney, c'est un coéquipier, un compagnon de vie pour moi !* »

À peine dix minutes après leur merveilleuse performance, on habille Vedouz de la couverture officielle du championnat, et Jeanne de l'écharpe du vainqueur. Le public se rassemble tout autour de la carrière pour la remise des prix et, après un court silence, musique et applaudissements retentissent : les voilà, les nouveaux champions d'Europe !

Après cet été mémorable, les routes de Jeanne et Vedouz se séparent : elle continue sa carrière à cheval, et lui évolue sous la selle d'une autre cavalière... Mais tous deux ne s'oublient pas pour autant ! « *Six mois après son départ de mes écuries, j'ai pu aller le voir en concours à Fontainebleau. J'appréhendais ce moment, je craignais qu'il ne me reconnaisse pas. En allant vers son box, je l'ai appelé comme avant... et il m'a répondu ! Quand je suis entrée dans le barn, il a sorti la tête de son box et, à ma vue, ses yeux se sont mis à pétiller.* »

Vedouz n'a en effet pas oublié sa championne... et lui aussi a du mal à la quitter à nouveau. « *Au moment où il m'a perdue de vue alors que je partais, il a henni, comme pour me retenir. C'est une coïncidence, ai-je pensé, mais il l'a refait les trois jours d'affilée où je suis revenue le voir. J'en ai été très touchée : les chevaux n'oublient pas les relations, jamais.* »

[3] En parcours initiaux, deux barres en jump-off.

GEM
GPA
WINNER
Championship for Ponies
Strzegom 2021
FEI

Grandir
aux côtés de son cheval

À l'instar de Jeanne et de Vedouz, grandir avec son cheval est une véritable chance. Le duo construit une relation très spéciale, et le cavalier apprend peu à peu à s'autonomiser. En effet, quand on a son propre cheval, on n'est plus cavalier de club, on devient propriétaire, ce qui constitue un changement radical. On enfile une nouvelle casquette, et avec elle viennent tout un tas de choses merveilleuses… et de responsabilités.

RELATION

Lorsque l'on possède son cheval, on a l'opportunité de passer beaucoup de temps avec lui : à pied lors du pansage, en selle lors des entraînements, en forêt, en promenade… ou tout simplement au pré, au calme ; autant d'instants précieux pendant lesquels chacun s'apprivoise. Peu à peu, on apprend à se faire confiance. Le lien qui existe entre un cavalier et sa monture est unique : il ne peut se comparer à aucune autre connexion entre deux individus.

En effet, une relation de confiance s'établit entre des êtres de deux espèces différentes, qui, à première vue, ne semblent pas avoir beaucoup en commun ! Pourtant, ils parviennent à se comprendre et même à se fier l'un à l'autre. Partager sa vie avec un tel pilier permet de vivre de grands moments de bonheur et de traverser les difficultés.

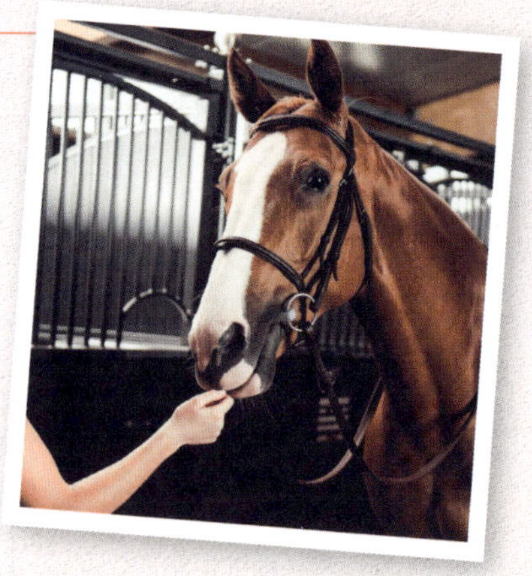

RESPONSABILITÉ

Plus on rencontre son cheval jeune, plus on devient autonome et responsable tôt. Il faut s'occuper de lui au quotidien, lui prodiguer des soins réguliers, prendre en charge ses petits bobos et tracas occasionnels… Ce n'est pas de tout repos ! Le cavalier doit s'engager à long terme : il vient d'adopter un nouveau membre de sa famille, auquel il doit prêter une attention particulière pendant plusieurs années. C'est une merveilleuse expérience de vie, formatrice à tout âge.

APPRENTISSAGE

On pourrait appeler l'équitation « l'école de la vie » : elle comprend des hauts, des bas, des interrogations quotidiennes... Avoir un cheval, c'est **se questionner** sans cesse, afin de devenir meilleur pour son cheval et de progresser à deux. Un défi quotidien, pendant lequel on apprend tous les jours – aucun cavalier n'a d'ailleurs jamais fini de découvrir les secrets de son cheval ! C'est aussi aux côtés de ce dernier que l'on se crée des **souvenirs** pour la vie : que ce soit en promenade, en compétition, ou bien dans une routine quotidienne, les moments passés ensemble ne s'oublient pas.

« Avec Gotan et Fuego, on est devenus des bêtes de scène »

Clémence Faivre, aujourd'hui artiste de renom, n'a jamais reculé devant rien pour allier sa passion des chevaux et son amour de la scène. Elle parvient à dénicher deux partenaires à sabots qui, très vite, évoluent en piste avec une aisance inattendue.

EN QUÊTE DE LIBERTÉ

« *Lorsque je monte, j'adore lancer mon cheval au galop à toute vitesse et me tenir les bras écartés, en me tenant uniquement avec mes jambes ; j'éprouve un tel sentiment de liberté... L'adrénaline me fait toujours vibrer tout entière !* » Pour Clémence, équitation rime d'abord avec « libération » et « sensations ».

S'abandonner ainsi en pleine course nécessite une sacrée dose de courage et de confiance en l'animal, dont peu sont capables de faire preuve. Clémence, depuis toujours mue par l'envie de se lier d'amitié avec un cheval, y travaille très tôt. Elle ne vient certes pas d'une famille de cavaliers, mais partage une passion des chevaux avec son père, qui lui en offre un pour son onzième anniversaire.

C'est ainsi que Forrest, un espagnol croisé selle français, fait irruption dans le jardin des Faivre. Clémence fait alors face à une question cruciale : comment apprivoiser un cheval ni débourré ni dressé quand on débute totalement ? Déterminée à apprendre à connaître Forrest – lui aussi intrigué et curieux à l'égard de cette petite humaine qui lui manifeste de l'attention –, elle étudie les ouvrages des chuchoteurs américains : « *Je rêvais de murmurer à l'oreille des chevaux, alors j'ai lu les livres de Pat Parelli*[4]. »

> « Dès l'enfance, je rêvais de nouer un lien extraordinaire avec un cheval, pour que l'on puisse devenir meilleurs amis et vivre une belle relation ! »

À force de patience, l'adolescente et le cheval s'habituent l'un à l'autre, rien que tous les deux : « *J'ai appris par moi-même, sur le terrain, en live... Je n'ai pas du tout eu une formation traditionnelle !* » Plus elle perfectionne son approche et ses méthodes, très personnelles, plus Forrest la stimule et lui donne envie d'aller plus loin : « *Il me poussait à réfléchir, à me remettre en question, à apprendre toujours plus et à évoluer.* »

Hélas, la réalité rattrape bientôt le duo à la complicité naissante : Clémence doit partir s'installer à Paris pour suivre des études au cours Florent – elle adore le théâtre. Rapidement, Forrest lui manque : « *Toute la semaine, je rêvais que le week-end arrive pour rentrer à la maison et retrouver mon cheval. Sans lui, tout me semblait si vide...* »

C'est alors qu'un beau jour, la jeune femme trouve comment se sortir de cette situation, qui lui pèse de plus en plus : dans une émission, elle voit Vincent Cassel se former auprès du dresseur équestre et cascadeur italien Mario Luraschi pour jouer un cow-boy.

---

[4] Pat Parelli est l'un des plus célèbres chuchoteurs américains. Il a construit sa méthode autour d'une approche naturelle de la relation avec le cheval.

Si seulement elle pouvait découvrir ce monde, elle pourrait exercer une activité réunissant ses deux passions, la scène et les chevaux ! Clémence échafaude bientôt un plan : « *J'ai débarqué sans prévenir dans les écuries de Mario, en me disant qu'il recherchait peut-être des figurants pour l'un de ses films.* » L'initiative se révèle payante : Mario l'embauche comme palefrenière.

À l'heure du déjeuner, Clémence se forme à la voltige sur Forrest – qui, bien sûr, l'a suivie dans cette aventure. Pendant trois ans, elle apprend peu à peu l'équitation acrobatique, tout en côtoyant au quotidien ces chevaux qu'elle aime tant : « *C'est là que j'ai appris à les longer, à les soigner, à faire de la voltige cosaque, de l'attelage, à monter en dressage de haute école...* »

« Ils m'ont vraiment enseigné le goût de l'effort et du dépassement de soi ! »

Sa soif d'aventures mène ensuite Clémence à Séville, où elle rencontre de nouveaux chevaux et se perfectionne aux côtés de maquignons espagnols : « *Moi qui avais l'habitude de monter des chevaux de cinéma, là, c'était l'inverse ! J'ai monté toutes sortes de chevaux : des chevaux de commerce, des chevaux ratés*[5]*, des chevaux avec un passé... Cela n'a pas été facile, mais j'ai petit à petit réussi à travailler avec eux. Ils m'ont vraiment enseigné le goût de l'effort et du dépassement de soi !* »

En parallèle, elle assiste à certains cours de l'école Jerez[6] et en apprend davantage sur l'approche des jeunes chevaux, tout en faisant des remplacements dans les spectacles du célèbre cavalier espagnol Alvaro Domecq. De plus en plus à l'aise parmi des chevaux qui sont désormais pour elle de véritables compagnons de vie, Clémence pense à créer un projet novateur qui mêlerait art et cheval.

UN ARTISTE-NÉ

Alors qu'elle se creuse la tête pour monter son spectacle, Clémence croise la route d'un certain Gotan, un petit cheval de 1,52 mètre sans papiers. « *Je l'ai rencontré un peu par hasard, au retour d'une représentation avec Mario, en Allemagne. Avec ma paie, je voulais m'acheter mon propre cheval, pour le former. Je cherchais un beau poney welsh, parce que c'est une race très populaire en Espagne pour les spectacles... Mais, parmi tous ceux que j'allais voir, aucun n'était un réel coup de foudre.* » Un après-midi, on lui présente un petit cheval terré au fond de son box, auquel personne n'accordait beaucoup d'importance.

Toutefois, Clémence est immédiatement séduite : « *J'ai eu un vrai coup de cœur pour lui, alors j'ai demandé à le voir en liberté. Une fois en mouvement, il était très expressif dans ses allures, il dégageait un vrai "truc" !* » Problème : un acheteur a déjà jeté son dévolu sur lui. Toutefois, la chance sourit à Clémence : « *Le lendemain, pendant son entraînement, juste avant d'être présenté à cet acheteur, Gotan se blesse au sabot... et la vente n'a pas eu lieu. Moi qui avais rêvé de lui toute la nuit, je l'ai tout de suite acquis pour une bouchée de pain – la chance du débutant, parce que personne n'aurait soupçonné le potentiel dont il a fait preuve à peine arrivé chez moi !* »

---

[5] Les chevaux ratés ont été plus ou moins bien travaillés dans leur jeunesse et présentent quelques défauts auxquels il faut remédier.

[6] École royale andalouse d'art équestre.

Gotan se montre très réceptif aux exercices que lui propose Clémence en entraînement : « *Il était extrêmement doué dès le début. J'ai commencé par lui apprendre la jambette, et, un mois plus tard, il me faisait déjà un super pas espagnol !* »

Le courant passe bien entre ces deux-là : « *C'est comme avec les gens : on a un coup de foudre pour certains et on ne s'entendra jamais avec d'autres. Gotan et moi, on était faits pour s'entendre ! Il a toujours compris mes exercices très vite et fait preuve de sérieux. En un rien de temps, il assimilait ce qu'un autre cheval aurait mis quatre ans à maîtriser.* »

Et les voilà partis : les séances d'exercices deviennent peu à peu les répétitions d'un spectacle novateur, un numéro de haute école en liberté jamais vu auparavant, dont la clef de voûte est une incroyable – et indispensable – confiance entre cavalière et cheval. Quelques mois plus tard, ils sont fin prêts : ils peuvent enfin présenter leur premier spectacle en duo.

« Gotan et moi, on était faits pour s'entendre ! »

L'école royale andalouse d'art équestre à Jerez de la Frontera, en Espagne.

UNE CONNEXION EXTRAORDINAIRE

Le 13 juillet 2010, Clémence et Gotan entrent en scène aux Saintes-Maries-de-la-Mer, « capitale » de la Camargue. Pour cette toute première prestation, Gotan, sous les yeux médusés des 5 000 spectateurs, enchaîne les figures et les pas avec aisance – seule la présence de Clémence lui importe. « *Il a été le premier cheval à se produire dans un show en liberté totale, sans bride. Comme pendant nos entraînements, il effectuait les figures que je lui avais apprises : mouvements de haute école, changements de pied au temps, pirouettes vaquere...* » Une véritable révolution dans le monde du spectacle !

« *Ce soir-là, Gotan a effectué sans difficulté les huit changements de pied au temps que je lui ai demandés. Puis il a continué de lui-même, sans que je l'y incite. J'en avais les larmes aux yeux, c'était magique* ». Et Clémence n'est pas la seule : leur public est lui aussi conquis ! « *Gotan m'a tellement surprise ce soir-là en me donnant bien plus que ce que j'attendais de lui... J'en pleurais de joie, à cheval, avant la fin de notre numéro.* »

« On était connectés, je le sentais, à tel point qu'on a fait le tour de l'arène en changements de pied, parce qu'il les faisait tout seul ! »

Devenus la nouvelle sensation du spectacle équestre, Clémence et Gotan font bientôt le tour du monde pour se produire dans des lieux d'exception. « *On a présenté notre numéro à Vérone, à Los Angeles, à Hong Kong, au roi du Maroc, au sultan d'Oman et en Arabie saoudite. Gotan est devenu un habitué du bateau et de l'avion !* »

Mais parmi tous ces souvenirs vécus à deux, si Clémence devait en revivre un, elle choisirait leur folle journée aux Saintes-Maries-de-la-Mer : « *Ce soir-là, Gotan et moi, on ne faisait qu'un : je n'avais qu'à penser à faire une figure, il le sentait et l'exécutait tout seul. Et quand on arrive à une telle osmose avec son cheval, on n'a plus besoin que de penser pour le monter. Gotan est devenu un partenaire de scène et un partenaire de vie. D'ailleurs, maintenant, dès que j'ai créé un nouveau spectacle, je le présente toujours pour la première fois aux Saintes-Maries, cela me porte chance !* »

Au milieu de l'effervescence qui caractérise le monde du spectacle, le duo enchaîne les représentations pendant seize ans. Bien loin de laisser le succès lui monter à la tête, Gotan reste fidèle à sa cavalière : « *Lorsque je le retrouve sur scène, il est toujours le même. Ce cheval, c'est une valeur sûre. Il est comme un pilier pour moi, qui me rassure lorsqu'on se produit. Il connaît son travail. Quand on emmène des jeunes chevaux en représentation, on ne sait jamais trop comment ils réagiront face au public, aux lumières, s'ils vont être sérieux en liberté... Alors qu'avec Gotan, je peux y aller les yeux fermés, c'est une vraie bête de scène. Et puis, après seize ans de vie commune, on se connaît par cœur !* »

Aux Saintes-Maries-de-la-Mer, il n'est pas rare de croiser des chevaux galoper en liberté au bord de l'océan !

SHOW MUST GO ON

Très créative, Clémence décide bientôt de complexifier ses numéros avec Gotan en cherchant une deuxième monture. Après beaucoup d'efforts, elle finit par trouver Fuego, qui possède l'âme d'artiste qu'elle cherche : « *J'ai eu beaucoup de mal à trouver un cheval avec autant de qualités que Gotan. Il m'a fallu sept ans, et quand j'ai rencontré Fuego, j'ai vécu une sorte de renaissance.* »

« *Au départ, je devais le former pour un ami en dressage de haute école. Dès que j'ai commencé à le travailler, j'ai tout de suite eu un coup de cœur ! J'avais une perle rare entre les mains : Fuego avait un geste et une sensibilité incroyables. J'ai pu l'acheter quelques temps après et, fidèle à moi-même, j'ai décidé de le présenter aux Saintes-Maries-de-la-Mer une fois qu'il était prêt* », ajoute la cavalière.

Encore novice, Fuego se prépare sérieusement pour le spectacle auquel Clémence le destine : « *Il est ultrasensible, alors j'ai mis des semaines à l'habituer aux applaudissements, aux lumières de la scène, mais on y est arrivés !* » Le spectacle se déroule en effet à merveille : Clémence et Fuego éblouissent à nouveau leur public, au prix d'un travail sans relâche mais toujours gratifiant.

« Gotan et Fuego sont de vrais artistes. »

« *C'est ça qui est génial et compliqué à la fois : on travaille avec du vivant. On doit donc trouver des chevaux artistes, des danseurs étoile qui font rêver les gens, qui donnent tout pour leur public... Bref, des chevaux spectaculaires ! Les papiers*[7] *ne font pas forcément le cheval : un artiste peut naître n'importe où. Certains ont un don et une incroyable destinée... C'est peut-être dû à leur bonne étoile. Ce qui est sûr, c'est qu'une fois qu'on les a dénichés, ils adorent travailler avec nous, ils aiment se donner. Gotan et Fuego font partie de ceux-là : ce sont de vrais artistes.* »

Aujourd'hui, Clémence continue de se produire dans le monde entier aux côtés de ses magnifiques chevaux, et, tous les trois, ils ne cessent d'épater petits et grands !

[7] Un cheval possède des papiers d'identité, qu'on appelle « livret ». Ce dernier sert à la fois de document d'identité et de carnet de santé : il indique le nom du cheval, sa date de naissance, sa race, ses origines sur trois ou quatre générations, ses caractéristiques physiques, ses numéros d'identification et son parcours médical. Le propriétaire du cheval possède aussi une carte d'immatriculation qui prouve son statut et un document d'identification qui doit suivre son animal à chaque fois qu'il se déplace.

Devenir
centaure

Monter un cheval qui galope en liberté, sans filet, comme le fait Clémence, semble parfois tenir d'une cascade de film ! Mais comment deux êtres qui ne parlent pas la même langue parviennent-ils à communiquer et à se faire confiance à ce point ?

PATIENCE ET LONGUEUR DE TEMPS…

Au premier abord, se fier à un animal de 500 kilos, capable de prendre ses propres décisions, peut sembler audacieux… Pourtant, créer une telle connexion avec un cheval est possible. Bien évidemment, cette proximité se travaille : il faut du temps pour qu'une telle équation fonctionne. Le cavalier doit instaurer petit à petit des codes de communication durables, qui lui serviront à se faire comprendre de son cheval et à interagir avec lui. Il peut d'abord les mettre en place pendant des séances de travail à pied (voir p. 96), en longe ou en jouant avec l'animal, puis pendant le travail monté, avec des rênes. Ces dernières pourront être progressivement remplacées par une cordelette autour du cou du cheval. Une fois que la communication est fluide, il ne reste plus qu'à se mettre à l'épreuve en liberté totale… jusqu'à ne faire plus qu'un et devenir un vrai « centaure » !

SANS LES MAINS !

Dès lors que l'on se passe des rênes, on ne peut plus compter sur ses mains pour communiquer avec son cheval. L'action des mains n'est donc pas indispensable ! Le cavalier recourt alors à d'autres moyens de « dialoguer » avec sa monture : il mobilise le poids de son corps, ses jambes, sa voix…, soulignant ainsi l'importance de son assiette, de sa posture, de son regard. Se révèle ainsi toute la puissance du lien puissant entre un cheval et son cavalier : les rênes n'imposant plus aucune contrainte, toute réponse de l'animal aux sollicitations de l'humain montrera une réelle envie de collaborer.

LA CONFIANCE, L'INGRÉDIENT INDISPENSABLE

Une fois que l'on a trouvé le bon équilibre en selle et mis en place des codes vocaux ainsi qu'un « alphabet » qui fonctionne avec sa monture, il faut lui faire **confiance** ! Avoir foi en son partenaire est primordial : le cheval se fie entièrement à son cavalier pour le guider avec douceur ; il en va de même pour le cavalier, qui doit écouter son cheval, ressentir ses émotions et communiquer avec lui. Cette confiance mutuelle entre les deux est le pilier de la monte sans filet.

Comment monter sans les mains ?

Pour mieux monter, il est parfois utile de revenir aux bases de l'équitation et d'améliorer sa posture en « oubliant » la bouche de son cheval. Le petit exercice suivant, assez simple, vous permettra de vous concentrer sur l'aide numéro 1 : le poids du corps. Pour ce faire, il est préférable d'être deux ; quelqu'un pour longer votre cheval et vous en selle. La personne qui longe doit diriger le cheval sur le cercle, sans intervenir sur la cadence ou la vitesse de l'animal. De votre côté, vous devez gérer les variations d'allure, faire des transitions montantes et descendantes, des arrêts, sans jamais toucher les rênes (vous pouvez soit les poser sur l'encolure, soit les retirer si vous vous en sentez le courage !). Vous vous rendrez compte concrètement que, même si vous n'êtes pas relié à la bouche du cheval, votre équilibre a un énorme impact sur lui.

Cet exercice vous permet de prendre davantage conscience de votre équilibre. N'hésitez pas à le répéter plusieurs fois, quel que soit votre niveau, pour ressentir vraiment votre cheval et l'importance de l'équilibre à deux.

Bonus : lorsque vous aurez suffisamment confiance, vous pouvez même fermer les yeux. En vous privant de l'un de vos sens, vous augmenterez la puissance de vos sensations.

Le récit de Clémence vous a mis des étoiles plein les yeux ? N'hésitez pas à diversifier votre expérience du monde du spectacle équestre en allant voir par exemple des reconstitutions historiques, où les chevaux sont très sollicités. Par exemple, dans les fameuses courses de char à la romaine, le cavalier et son attelage forment aussi une équipe : chacun est attentif au moindre geste de l'autre pour éviter un accident digne du film culte *Ben-Hur* (William Wyler, 1959).

« Grâce à Dexter, j'ai découvert ma vocation »

Des superstars des concours, Gilles Le Mouellic, fondateur du très célèbre élevage Pondi, en a fait naître plusieurs tout au long de sa carrière. Un poney, prodige du jumping au début des années 2000, l'a marqué en particulier et l'a convaincu de se lancer dans l'élevage professionnel. Son nom ? Dexter Leam Pondi, le « génie au grand cœur ». Direction la Bretagne, à Neulliac, où le fantastique poney gris est né en 1991.

UNE RACE PORTE-BONHEUR

Passionné par les chevaux, Gilles Le Mouellic se prend d'affection pour les poneys de race connemara lors d'un séjour en Irlande avec sa famille : « *À Clifden, une ville du comté de Galway, nous avons assisté au Clifden Show, où des éleveurs présentent annuellement leurs poneys connemara. Des étalons au poil brillant entraient sur le ring de compétition, tous toilettés à merveille : c'était fantastique ! Aussi subjuguée que moi, ma fille m'a immédiatement demandé de songer à en acheter un.* »

Même s'il n'est pas éleveur de chevaux professionnel à ce moment-là (« *Au début, c'était un loisir pour moi de faire naître des poneys, à la maison, en famille* »), Gilles acquiert dès son retour en Bretagne une poulinière irlandaise grise, nommée White Granite. Il ne le sait pas encore, mais cette petite ponette grise bouleversera à jamais le quotidien de sa tranquille ferme bretonne. La chance est en effet avec lui : « *Je ne l'ai pas payée plus cher qu'une vache… et elle s'est révélée une reproductrice d'exception !* »

« À mon réveil, je découvre une petite surprise à quatre sabots dans l'herbe. Cela m'a procuré un sentiment de fierté, de satisfaction ; nous avons un vrai lien avec nos bêtes. »

Au printemps 1991, après avoir déjà donné naissance à trois beaux poneys, White Granite met bas d'un quatrième, que Gilles découvre, attendri, au matin. Il le baptise Dexter Leam Pondi. « *Quand je suis allé à la prairie ce matin-ci, Dexter était déjà né – un très beau poulain gris, magnifique, à la superbe tête. J'en avais des frissons. Quand on fait naître des poneys, cela fait quelque chose de les voir se mettre debout pour la toute première fois ! C'est l'un des meilleurs souvenirs que j'ai de lui* », se rappelle Gilles, ému.

À peine stable sur ses pattes, le petit Dexter montre vite un caractère très indépendant. « *Je suis un éleveur très "nature" : je laisse mes juments mettre bas seules la nuit, au calme dans mes prairies, et les poulains vivre dehors, en troupeau. De cette manière, ils sont très résistants et débrouillards.* » Cette philosophie, centrée sur le bien-être du cheval avant tout[8], permet à Dexter de prendre une certaine assurance, grâce à laquelle il fera plus tard merveille sur les terrains de concours.

---

[8] Voir p. 50-51.

EQUIDIA

Le Connemara (comté de Galway, en Irlande), région d'origine de White Granite, la mère de Dexter.

Au souvenir de cette période, Gilles n'en revient d'ailleurs toujours pas : « *À 6 ans, Dexter a quitté son pré pour poursuivre une carrière sportive... Ensuite, il a eu la renommée qu'on lui connaît ! Je ne sais pas pourquoi ni comment, mais White Granite a fait naître des champions à la maison. C'est avec eux, et même grâce à eux, que j'ai commencé dans l'élevage.* » Peut-être parce que le trèfle à quatre feuilles est l'emblème de l'Irlande... Mais pour l'instant, plutôt que son palmarès, ce sont les journées passées avec Dexter que Gilles préfère se rappeler.

UN REBELLE DANS L'ÂME

Avec ce poulain qui « *n'en fait qu'à sa tête* », pas un seul moment ne ressemble à un autre : « *À la maison, si l'herbe lui paraissait plus verte dans la pâture d'à côté, il sautait par-dessus la clôture pour y aller.* » Gilles a beau augmenter leur hauteur, rien n'y fait. « *Pour lui, c'était un jeu d'enfant de passer des lices de 1,40 mètre ! Il était spectaculaire. Chaque jour, je l'emmenais dans son pré – comme c'était un étalon, je l'avais placé un peu plus loin de la ferme que les autres animaux. Il ne supportait pas de vivre en box, il préférait la liberté. Nous marchions l'un à côté de l'autre, puis je le lâchais dans son pré rempli d'herbe et fermais la barrière. Pendant qu'il s'y égayait, je rentrais à la ferme. Quelquefois, il m'a fait des surprises en franchissant d'un bond la clôture et en me doublant sur le chemin !* »

Gilles fait tout pour arrêter Dexter dès qu'il l'entend arriver au galop derrière lui, en vain : si le poney avait décidé de s'enfuir, il n'en démordait pas. « *Très futé, il trouvait toujours les failles pour s'échapper et rentrer à la maison avant moi. Moi, j'essayais toutes les solutions. Je montais le fil de la clôture : d'abord à 1,30 mètre, puis à 1,40 mètre, et même jusqu'à 1,50 mètre... Hélas, aucun obstacle ne l'arrêtait ; il était beaucoup trop agile et déterminé. Il faisait ce qu'il voulait, surtout quand on avait le dos tourné.* »

«Très futé, il trouvait toujours les failles pour s'échapper. »

Sa réputation est faite à l'élevage : tout le monde l'admire... et le craint un petit peu. « *On le savait capable de se rebeller et d'avoir le dessus s'il le voulait. Tous les deux, on n'avait pas une relation traditionnelle, on n'était pas d'égal à égal. L'un d'entre nous dominait le duo... et ce n'était pas moi !* »

Et dans le pré ? Ici aussi, Dexter fait la loi avec ses congénères. « *Avant qu'il ne parte commencer sa carrière sportive avec des cavaliers, j'avais mis un autre mâle avec lui dans l'enclos... Le pauvre ne bougeait pas d'un poil, écrasé sous l'autorité de Dexter. Ce dernier lui interdisait de s'éloigner à plus de deux mètres d'un arbuste qui se trouvait là. J'ai fini par comprendre pourquoi ce pauvre poney maigrissait de jour en jour : il avait brouté toute l'herbe autour de l'arbuste et n'osait pas aller en chercher plus loin. Un vrai phénomène, ce Dexter !* »

FIDÈLE À LUI-MÊME

Gilles ne croit pas si bien dire. En 1994, lorsque sa fille présente Dexter, alors âgé de 3 ans, à sa deuxième compétition d'élevage, le National Connemara de Poitiers, c'est le feu d'artifice. « *Personne n'avait voulu de lui l'année d'avant, mais tout a changé à ce moment-là. Mené par ma fille, qui le connaissait par cœur, Dexter est entré confiant sur le ring et a su se mettre tout seul en valeur. Il paradait au bout de sa longe, fier et majestueux. Les juges l'ont adoré et lui ont attribué d'excellentes notes. Il a tout gagné et a été sacré champion suprême de la race, devant 300 poneys. Incroyable !* »

« Je n'ai jamais trop aimé assister à des compétitions de jumping, je les ai toujours trouvées trop stressantes à regarder ! »

Dexter remporte un tel succès que les médias s'enflamment : on sollicite Gilles pour des interviews, un reportage est tourné à Neulliac, et des curieux se déplacent pour venir admirer cet étalon qui chamboule le petit monde de l'élevage équestre. Dexter n'ayant pas encore commencé sa carrière sportive, le meilleur reste à venir : « *Ce n'était que le début… et on ne s'attendait pas à ce que cela prenne une telle ampleur !* »

Dexter entame sa carrière sportive en jumping à 6 ans et s'impose comme il l'a toujours fait. Bien que rétif à certaines occasions, il remporte de nombreux prix sous la selle de grands cavaliers entre 1998 et 2006. Il est ainsi médaillé d'argent aux championnats d'Europe Poney à Lanaken (Belgique) en 2002, remporte le bronze aux championnats d'Europe de Jaszkowo (Pologne) en 2004, finit champion d'Italie en 2006…

« *Il sautait avec une facilité hors pair : pour beaucoup, il avait de véritables ressorts sous les pieds ou des yeux au bout des sabots, parce qu'il ne touchait jamais une barre ! Il s'amusait tout bonnement à sauter et, si l'obstacle était plus haut que la normale, il ne forçait pas trop : il donnait juste un petit coup de rein, et passait par-dessus très naturellement. Il avait un geste fantastique. Même les cavaliers professionnels disaient que monter Dexter leur procurait des sensations qu'ils n'avaient jamais éprouvées avec un autre cheval.* »

Néanmoins, Dexter ne laisse pas la gloire lui tourner la tête : il reste fidèle à lui-même et à ses origines – après tout, c'est dans son pré de Neulliac qu'il a effectué ses premiers sauts. « *Il est resté à l'élevage jusqu'à son sixième printemps, et il n'a jamais changé : il avait toujours ce fort caractère. Comme à son habitude, il me narguait toujours et avait gardé cette fibre rebelle. Jamais je n'aurais imaginé avoir ce parcours incroyable avec lui.* »

Le fougueux étalon s'est éteint à l'hiver 2023, à 32 ans, après avoir fait vibrer tout Pondi, puis le monde de l'équitation pendant de longues années, et aidé Gilles à découvrir sa vocation. « *S'il avait pu nous parler, je pense qu'il aurait dit qu'il a eu la belle vie ! J'ai envie de lui dire merci pour tout ce qu'il a donné, pour tout ce qu'il m'a apporté dans ma vie professionnelle, et pour toute la fierté et tout le plaisir qu'il a donnés à ma famille. Dans ma vie, peut-être aurais-je pu gagner au loto, mais je n'aurais sans doute pas eu autant de satisfaction qu'en faisant naître ce phénomène.* »

Un cheval
bien dans sa tête

Quand on aime les chevaux, il faut bien sûr penser à leur bien-être. Pour qu'un cheval soit « heureux », il est nécessaire de respecter ses besoins fondamentaux et naturels. Cela passe par un ensemble de petites habitudes essentielles à mettre en place aux écuries, si on veut entretenir une bonne relation avec son petit (ou grand) protégé.

LE PLAISIR DE VIVRE AU GRAND AIR

Afin d'être en pleine forme physique et mentale, un cheval doit pouvoir bouger librement et marcher pendant la journée. Il est donc très important pour lui d'avoir accès à un espace extérieur, dont il peut profiter lors de sorties au paddock quotidiennes ou en vivant dehors dans un pré 24 heures sur 24. C'est LA règle de base pour qu'il soit bien dans ses sabots. Le cheval peut ainsi évoluer à son rythme, tout en limitant les problèmes de blocages musculaires et de raideurs qu'une sédentarité trop grande pourrait causer. Qu'il pleuve, qu'il vente ou qu'il neige (sauf exceptions, bien sûr !), le cheval peut sortir profiter du grand air.

Accepter l'imprévu

Un cheval vivant au pré est exposé aux risques de blessure, mais c'est le risque à prendre si l'on veut le voir s'épanouir. On ne peut pas contrôler tous ses faits et gestes – qu'il vive au box ou au pré, de petits bobos lui arriveront.

UN ANIMAL FAIT POUR LE VIVRE-ENSEMBLE

En plus d'aimer la vie dehors, un cheval est un animal très sociable : il adore échanger avec ses congénères. Lorsque des chevaux évoluent en groupe, ils interagissent selon une hiérarchie naturelle, communiquent et jouent, bref, ils créent de véritables liens sociaux, nécessaires à leur bien-être. Pour un herbivore, il est naturel de vivre en troupeau. Évoluer avec ses congénères permet au cheval de s'épanouir, et réduit ainsi considérablement son stress et son anxiété, favorisant son confort psychologique.

La vie en groupe permet également au cheval, animal grégaire, de se soulager de certaines tâches, accomplies entre congénères. En effet, au sein d'un troupeau, les chevaux s'entraident afin de se faciliter la vie : ils se grattent par exemple mutuellement des zones qu'ils ne pourraient atteindre seuls, en particulier à la base de l'encolure et près du garrot. Ils se chassent aussi leurs mouches, en se plaçant tête-bêche les uns par rapport aux autres. Les chevaux sont aussi capables de montrer une certaine solidarité : si certains se reposent, l'un peut surveiller les alentours et rester à l'affût. Faire partie d'un troupeau, c'est aussi un travail d'équipe !

Tout doux !

Si votre cheval n'a jamais été au pré avec des congénères, il faut l'y habituer progressivement, en le mettant à proximité des autres, dans un pré voisin, par exemple.

L'IMPORTANCE DE BIEN MANGER

Le bien-être du cheval passe aussi par son alimentation. Un cheval heureux mange beaucoup d'herbe ou de foin tous les jours. Un adulte doit ainsi consommer en moyenne 12 kilos de fourrage et 40 L d'eau par jour, et manger 12 à 16 heures quotidiennement. À noter : un aliment concentré et rationné ne peut pas remplacer le foin ou l'herbe. Un cheval qui ne mange pas et qui ne digère pas correctement peut souffrir de coliques (qui peuvent être mortelles) ou d'ulcères très douloureux – des problèmes de santé non négligeables, qui engendrent un mal-être général et empêchent l'animal de s'épanouir dans sa relation avec son cavalier et/ou l'équipe qui s'occupe de lui à l'écurie.

Le bonheur est dans le pré

La recette pour avoir un cheval heureux comme Dexter ? Un pré avec de l'herbe et des copains !

« J'ai failli perdre la confiance de Jantien »

Ensemble depuis environ deux ans, Maya Denis et son cheval, Jantien de Muze, évoluent en compétition et portent les couleurs du Mexique - il n'y a pas plus soudés que ces deux-là ! Toutefois, leur histoire n'a pas toujours été un long fleuve tranquille : tous deux ont dû travailler dur pour réparer leur amitié, fragilisée par un incident en plein concours.

UN DUO AMBITIEUX

Floride, 2022. Maya, âgée de 19 ans, en a fini avec les compétitions junior, après avoir remporté, en 2018, l'or par équipe et l'argent en individuel aux championnats du monde, en Chine. Désormais cavalière professionnelle, la jeune femme forme des chevaux à la compétition et les fait progresser pour qu'ils puissent ensuite évoluer tranquillement sous la selle d'un autre cavalier.

Et justement, depuis plusieurs semaines, elle cherche « *un cheval de sport qui pourrait rejoindre* [son] *piquet de chevaux pour progresser, évoluer à ses côtés et, pourquoi pas, participer à de belles compétitions* ».

« Jantien, c'est un petit peu comme un humain dans un corps de cheval, il est très expressif et tout le monde l'adore aux écuries. Il s'exprime et interagit beaucoup avec les autres chevaux et les humains qui l'entourent. »

Quelques jours plus tard, Maya en déniche un… en Italie, à plus de 10 000 kilomètres de chez elle. « *Une connaissance vivant sur place l'avait repéré et, d'après elle, c'était un super cheval de jumping, doté de nombreuses qualités. J'ai vu des vidéos de lui, et je n'ai pas tergiversé. Normalement, on prend toujours soin d'essayer le cheval avant de l'acheter, mais là… Je n'ai pas hésité une seule seconde !* »

Après un long voyage en avion, qui se déroule sans encombre, le nouveau pensionnaire de Maya atterrit aux États-Unis. Son nom ? « *Jantien de Muze ! Après ce véritable périple, j'ai enfin pu le rencontrer et apprendre à le connaître.* » L'entraînement peut commencer.

Très vite, Maya identifie une grande sensibilité chez Jantien : « *Il était en pleine forme, mais je n'avais pas toutes les clefs pour le comprendre. C'est un cheval très émotif, proche de l'homme, mais qui a du mal à faire confiance.* » Ainsi, tous deux mettent du temps à s'apprivoiser, et le chemin n'est pas facile : « *J'ai dû apprendre à composer avec sa sensibilité sur le terrain. Je n'avais pas accès à tous les boutons pour communiquer avec lui à sa manière… Cela nous a pris plusieurs mois !* »

Toutefois, à force de s'accrocher (« *J'ai toujours fait de mon mieux pour tirer du positif de nos séances, pour aller de l'avant et améliorer ma relation avec lui* »), Maya parvient à nouer un réel lien avec Jantien au bout d'un an d'entraînement : « *En un an, on connaît bien sa monture, on comprend son caractère, on sait ce qu'elle aime, ce qu'elle n'aime pas.* »

Jantien réagit bien aux épreuves de jumping auxquelles sa cavalière l'inscrit et il s'accommode aussi petit à petit aux terrains de concours américains. Pour Maya, il est temps de viser plus haut : Jantien et elle participeront donc à une compétition destinée à des cavaliers d'un niveau légèrement supérieur.

« *Nous étions prêts à passer un cap, je le sentais. À la maison, tout se passait super bien, il y avait quelque chose entre nous. Alors, naturellement, j'ai pensé qu'il en serait de même en concours.* » C'est décidé, ils concourront ensemble à un Grand Prix 1,45 mètre en septembre prochain.

RUDE ÉPREUVE

Le jour de la compétition, qui a lieu dans le sud de la Floride, Maya et Jantien s'échauffent au centre de compétition, sur la piste de détente adjacente à la carrière du concours. Tous les deux font preuve d'un certain calme : « *Je n'ai pas l'habitude de stresser avant de concourir. Comme je suis plutôt une adepte des sensations fortes, j'aime beaucoup sentir l'adrénaline monter dès l'instant où j'entre en piste. La hauteur des obstacles ne m'effrayait pas du tout, j'étais même excitée à l'idée de pouvoir concourir dans une meilleure catégorie que d'habitude.* »

Si sa cavalière piaffe d'impatience de se confronter à ce parcours, Jantien, lui, prend le temps de repérer les obstacles les plus intimidants que lui montre Maya pendant plusieurs petits tours de la carrière au trot. C'est presque l'heure d'y aller. Encore quelques foulées au galop... En place !

Ding ! La cloche retentit : Jantien s'élance. Consciente du courage dont il fait preuve face à ce défi de taille, Maya reste attentive au moindre de ses mouvements : « *Nous étions tous deux comme connectés, presque en symbiose.* » Le premier obstacle est franchi sans problème (« *On aurait dit que Jantien volait !* »), le suivant aussi... Puis le troisième, le quatrième... « *On avait un super rythme, une cadence formidable et zéro faute au compteur : j'étais au paradis !* » Jantien passe bientôt le cinquième obstacle, le sixième. Le sans-faute est à portée de main et de sabots.

C'est alors que tout bascule, à l'approche des obstacles suivants : « *À un moment, Jantien et moi ne nous sommes pas compris dans une combinaison d'obstacles – un triple, plus précisément. Nous étions au galop et allions sauter le dernier obstacle de cette combinaison, mais Jantien a pris son envol trop tôt. Je ne sais pas ce qui s'est passé, nous avons mal communiqué, sans doute. J'ai dû lui envoyer les mauvais signaux, ce qui l'a conduit à mal évaluer la distance.* »

Jantien décolle en effet trop en avance, et il atterrit, avec Maya, au beau milieu de l'obstacle. « *Nous avons tout détruit sur notre passage. Mon cheval s'est écroulé, et moi avec.* » La chute est impressionnante, mais ne fait heureusement pas de blessés.

Jantien, après quelques secondes au sol, se redresse brusquement, le cerveau en ébullition, surpris par ce qu'il vient de vivre. Le souffle coupé, Maya reste étendue de longues minutes sur la piste, pétrifiée. « *J'étais un peu secouée, je ne m'y attendais pas du tout.* » Mille et une questions l'assaillent : comment va Jantien ? Comment a-t-elle pu commettre une telle erreur de pilotage ? Et, surtout, a-t-elle perdu à tout jamais la confiance de son protégé ?

RECONSTRUCTION PROGRESSIVE

Maya et Jantien s'estiment chanceux de n'avoir aucune séquelle physique (à part quelques courbatures pour Jantien), mais ils doivent faire face à un immense chantier : surmonter leur traumatisme et rebâtir le lien qu'ils avaient tissé. En effet, « *un accident de cette ampleur n'arrive pas tous les jours, et il a été très déstabilisant pour nous* », comme l'explique Maya.

Après des journées de questionnement, la jeune cavalière se rend à l'évidence : « *Ce qu'il nous fallait travailler, c'était le mental. Nous devions tout reprendre à zéro et réapprendre à nous faire confiance.* »

« Nous devions réapprendre à nous faire confiance. »

Tous les deux le savent : il faut laisser le temps faire son œuvre. Alors chacun réapprivoise lentement l'autre ; chaque geste du quotidien est bon pour restaurer, par petites touches, cette complicité fragilisée. « *Nous sommes revenus aux sources, à ce qui fondait notre amitié, c'est-à-dire le temps passé ensemble, pendant tous ces petits moments rien qu'à nous, à la maison : le pansage, les grattouilles...* »

Petit à petit, la flamme renaît. Face aux efforts de sa cavalière, qui multiplie les petites preuves d'affection, Jantien comprend qu'il peut se fier de nouveau à elle : « *C'est en lui prouvant que je l'aimais toujours que j'ai pu me reconnecter à lui.* »

Le travail en selle peut bientôt reprendre, là aussi en douceur. Surtout, il ne faut pas aller trop vite pour éviter de réveiller les mauvais souvenirs : « *Quand on se remet en selle, on appréhende de refaire un parcours, on se pose mille questions à la minute, on hésite, et ce n'est pas évident.* » Chacun doit s'entraider pour surmonter ses doutes et ses craintes. Patients, Jantien et Maya prennent leur temps : « *Nous sommes également repartis de zéro. J'ai réduit la hauteur des barres, par exemple.* »

« J'ai à cœur de laisser les chevaux "être des chevaux", au naturel. Le système que j'ai mis en place dans mes écuries est assez simple : mes chevaux sont tous dehors la journée. Pourquoi ? Parce que j'aime les voir heureux, et je veux leur donner la meilleure vie possible ! »

Décidée à ne pas baisser les bras, Maya ne se ménage pas pour neutraliser ses doutes et rassurer son cheval. Jantien se montre de moins en moins craintif : « *À partir du moment où il a compris que je serai toujours là pour lui, il a été là pour moi en retour.* »

Peu à peu, ce travail d'équipe permet à Maya et à Jantien de panser leurs blessures et de retrouver leur complicité d'avant, grâce à la bienveillance de la jeune cavalière. « *Le plus important, à cheval, c'est de travailler ensemble. Ce sont des animaux gentils, qui n'ont aucune raison de nous nuire. Alors il ne faut surtout pas être rancunier s'il y a de petits problèmes, mais les aimer et veiller à tout prix à leur bien-être, en communiquant, en s'investissant dans la relation. S'ils sont bien dans leur tête et contents de la vie qu'ils mènent à nos côtés, ils nous le rendent bien – ils sont fantastiques.* »

Des mots qui réchauffent comme le soleil de la Floride, où les nouvelles aventures de Maya et Jantien ne font que commencer.

ARIAT

Le pansage,
un moment de complicité

Tout cavalier le dira : les soins qu'il prodigue à son cheval sont indispensables pour renforcer le lien qui l'unit à l'animal. Qu'on le fasse avant ou après une séance d'entraînement, ou qu'il soit la seule activité du jour, le pansage permet de passer un moment agréable ensemble, essentiel dans la construction de la relation.

PETITE PAUSE AU CALME

Démêlage de la crinière, vérification des sabots, brossage de la robe, tonte du poil si nécessaire... Le cavalier ne chôme pas, tandis que son cheval, lui, en profite souvent pour se relaxer, loin des pistes d'entraînement et de l'effervescence des concours. Il apprécie tout particulièrement qu'on le frictionne délicatement de la tête aux jambes pour faire briller sa robe. Les chevaux ayant une peau très sensible (au point de sentir instantanément une mouche qui se pose sur eux), il convient de doser la force que l'on met dans le brossage, selon la zone concernée. Ainsi, on utilisera une brosse en caoutchouc assez souple pour masser les tendons, et une brosse plus rigide pour la croupe et l'encolure.

Et ensuite ? La magie opère comme pour nous, les humains : les membres massés un à un se détendent et une sensation de bien-être parcourt le corps de l'animal tout entier. Observez votre cheval pendant que vous le pansez : il est probable que ses paupières s'alourdissent, qu'il se relâche ou qu'il bâille... Autant de signes qui prouvent qu'il est dans un état de détente totale !

Attention !

Quand vous pansez votre cheval, attachez-le toujours avec une longe de sécurité ou à un support qui n'est pas fixe. L'attache (longe de sécurité, ficelle ou autre) doit en effet pouvoir se rompre s'il « tire au renard », c'est-à-dire s'il recule en tirant de toutes ses forces. Vous éviterez ainsi qu'il se blesse gravement... et vous aussi !

Le parage

S'il ne souhaite pas ferrer ses chevaux et s'occuper de leurs pieds lui-même, un cavalier peut apprendre auprès d'un professionnel à les « parer », en d'autres termes à couper l'excédent de corne. C'est le cas de Maya, qui a décidé de retirer les fers des pieds de ses chevaux à son arrivée en Floride, où tous les sols sont en sable : « *Quand j'étais au Mexique, tous les concours se déroulaient sur des terrains en herbe, alors je n'avais pas le choix. Mais en Floride, tout n'est que sable, y compris le sol des forêts où je me promène à cheval. Alors, désormais, je ne ferre plus mes chevaux et je les laisse évoluer au grand air, au naturel, et c'est moi qui les pare toute seule.* »

UNE ROUTINE DE SOINS, MAIS PAS QUE

Répétés quotidiennement, ces moments de calme donnent naissance, au fil du temps, à un véritable sentiment de sécurité entre le cheval et son cavalier. Au-delà du simple toilettage, ce dernier profite aussi de ces instants privilégiés pour apprendre à connaître sa monture s'il vient de la rencontrer, et lui témoigner son affection avec des câlins, des contacts visuels... Le pansage permet également de repérer les petits gestes d'affection que préfère votre cheval (ses petits « points faibles ») : grattouilles, caresses sur le museau... Au fur et à mesure, il devient un rituel qui renforce la complicité entre deux « vieux » amis.

Le cavalier apprend aussi à détecter un éventuel stress chez son cheval et, le cas échéant, à l'apaiser tout seul, selon ce que sa monture préfère : chuchotements, caresses... L'humain parvient ainsi à transmettre ses émotions à l'animal, ce qui crée une connexion. Pour cette raison, ces moments intimes ont été d'une aide précieuse pour Maya et Jantien lorsqu'ils travaillaient à reprendre confiance l'un en l'autre.

Rappel

Même si vous êtes pressé, ne négligez surtout pas le pansage, parce qu'il vous permet de juger, à première vue, de la bonne santé de votre cheval, en vérifiant qu'il n'a ni plaie ni problème de pied visible.

Si l'histoire de Maya et de Jantien vous a plu, vous aimerez sûrement le film *Tempête* (Christophe Duguay, 2022). Ici, les points de vue s'inversent : une adolescente et sa jument, qui se connaissent depuis l'enfance, voient leur relation bouleversée un soir d'orage. Affolé, le cheval renverse sa cavalière et la prive de l'usage de ses jambes. Au cours d'un long processus réparateur, la jeune fille devra mobiliser toute sa ténacité pour surmonter son traumatisme et renouer avec sa jument. J'ai réalisé le making-of officiel de ce film ; découvrez-le en scannant ce QR Code !

« Venezia m'a aidé à croire en moi »

Né dans une famille de cavaliers de haut niveau, Thierry Rozier semble destiné à une carrière sportive toute tracée. Le hasard et son goût du défi lui rendent certes la tâche plus ardue que prévu, mais il croise aussi la route d'une jument qui le marquera à tout jamais.

INTIMIDÉ MAIS DÉTERMINÉ

« *Je suis né dans les environs de Fontainebleau... presque à l'écurie ! Avec mes frères, on a baigné dans le milieu équestre dès notre naissance.* » Thierry grandit ainsi au contact des chevaux. Seulement voilà, il adore s'en occuper, mais éprouve une certaine appréhension à l'idée de les monter. Si les brosser, leur parler ou les caresser ne l'intimide aucunement, le petit garçon n'oserait jamais s'asseoir sur le dos d'un animal d'une telle prestance, et encore moins le mener où bon lui semble.

Un sentiment auquel s'ajoute la crainte de tomber : « *J'avais peur des chevaux – un comble quand on est fils de cavalier ! Je ne montais pas, mais j'adorais les compétitions. J'allais voir mon père concourir tous les week-ends, je suivais les cavaliers et leurs résultats... De très bons souvenirs, qui ont rythmé toute mon enfance.* »

Néanmoins, à force de côtoyer les cavaliers qu'entraîne son père dans ses écuries (dont plusieurs futurs champions, tels Roger-Yves Bost et Patrice Delaveau), Thierry parvient peu à peu, à l'adolescence, à surmonter sa peur. S'il reste fasciné par la majesté des chevaux et pleinement satisfait par son quotidien à l'écurie, il a de plus en plus envie d'approfondir sa relation avec eux. Alors pourquoi ne se lancerait-il pas en compétition pour tisser un lien encore plus fort avec une monture, mêlé de sensations fortes et de souvenirs uniques vécus à deux ?

« J'avais peur des chevaux – un comble quand on est fils de cavalier ! »

Sa décision prise, Thierry se consacre au saut d'obstacles. Entraîné par son grand-père, un ancien militaire aux méthodes rigoureuses, il devient peu à peu plus assuré en selle : « *Grâce à lui, j'ai appris à avoir confiance dans les chevaux et en moi-même en tant que cavalier, et je me suis mis au travail pour progresser. À cette époque, j'avais déjà une quinzaine d'années, alors il me fallait vite rattraper le temps perdu si je voulais participer à des concours[9] !* » À force de travail acharné, de rigueur et de persévérance, Thierry acquiert un excellent niveau à 18 ans, intègre l'équipe de France Jeunes Cavaliers, puis participe à son tout premier concours de saut international sénior à 21 ans, en 1985.

---

[9] En compétition équestre, si l'on veut commencer le sport de haut niveau jeune, il faut s'y prendre très tôt, en général au tout début de l'adolescence.

Ces années, riches en adrénaline, sont marquées par sa rencontre avec Nitro, un cheval très spécial et aujourd'hui encore cher à son cœur. Le lien se fait progressivement entre eux deux, Thierry devant s'affirmer dans ce duo : « *J'ai besoin de m'entendre très bien avec un cheval pour le monter et construire avec lui une relation qui fonctionne – j'agis beaucoup au feeling. Compétiteur hors norme, Nitro avait beaucoup d'énergie, il était incroyable !* » Des débuts tumultueux – d'un côté, le jeune cavalier qui prend tout juste confiance en lui ; de l'autre, sa fougueuse monture – qui ne les empêchent pas de remporter un joli palmarès.

> « J'ai besoin de m'entendre très bien avec un cheval pour le monter et construire avec lui une relation qui fonctionne – j'agis beaucoup au feeling. »

Ils vivent leurs premières Coupes des nations ensemble, s'offrent leur toute première victoire en CSIO[10], à Copenhague, participent à de prestigieux concours… jusqu'à la consécration : « *Mon père avait l'habitude d'organiser un derby dans ses écuries, là où j'ai grandi. De très grands cavaliers participaient à cette épreuve très réputée. Et voilà que Nitro m'offre trois belles victoires consécutives, chez moi. Jamais personne n'avait gagné deux fois de suite… C'était fou !* »

Comblé par cette première expérience, qui lui a permis de vivre une relation unique avec son cheval en compétition, Thierry décide de faire une pause pour se concentrer sur le coaching de chevaux, afin de nouer avec eux des liens à tête reposée. Mais l'envie de concourir avec un cheval que l'on a appris à connaître n'est jamais bien loin quand on y a pris goût…

UN PARI TÉMÉRAIRE

« *Vous voulez que je reprenne l'équitation à haut niveau ? Je parie que je participerai aux Jeux Olympiques de Tokyo !* » lance, au détour d'une discussion, Thierry à ses amis cavaliers réunis pour fêter son anniversaire en ce beau mois de juillet 2016. Coup de tonnerre dans l'assistance – l'enjeu est de taille : « *En sport, il est difficile de se refaire une place après être reparti de zéro, même si l'on s'est fait un nom dans le métier. Il faut en permanence montrer ce que l'on vaut.* » L'assemblée, surprise, trinque néanmoins à cette nouvelle aventure, et Thierry part se coucher la tête en ébullition.

Sauf que… il n'a pas de cheval, se rend-il compte à son réveil. Les questions se bousculent : en trouvera-t-il un susceptible d'atteindre le niveau recherché ? Renouera-t-il un lien digne de la relation tissée avec Nitro ?

Peu de temps après, l'une de ses élèves lui propose, lors d'une séance d'entraînement, sa jument alezane, Venezia d'Écaussinnes : elle cherche justement quelqu'un pour l'entraîner et la mener à un haut niveau. Ni une ni deux, Thierry accepte, non sans appréhension. Que lui réserveront donc les entraînements à venir ?

---

[10] Concours de saut international officiel.

L'euphorie du pari dissipée, place aux premiers entraînements… qui se révèlent plutôt laborieux. Dotée d'un caractère bien trempé, Venezia freine des quatre fers et refuse de se frotter au moindre exercice : « *Elle se montrait si fainéante que l'on a failli la rendre à ses anciens propriétaires… Une vraie paresseuse !* » Thierry apprend alors à décrypter le langage corporel[11] de la jument et varie quotidiennement les entraînements pour s'adapter à son tempérament changeant.

Il la monte en carrière, l'emmène en forêt, lui fait sauter de petits obstacles, lui propose des exercices de technique et de gymnastique… « *Tous les jours, elle était différente. Très expressive, Venezia pouvait se montrer la plus gentille du monde, puis sacrément bornée l'instant d'après ! Lorsqu'elle avait décidé quelque chose, elle savait me le faire comprendre, et j'ai toujours tenu compte de ce trait de caractère. Par exemple, elle adorait sauter, mais se montrait intraitable dès que je voulais la faire travailler en carrière.* »

SOUDÉS FACE AU DÉFI

Peu à peu, une forte connexion se crée entre Thierry et Venezia : « *Je lui parlais beaucoup lors des séances de travail, à l'aide de codes qu'on avait mis tous les deux en place. Une fois que j'ai su la comprendre et déceler ce qu'elle aimait, ce qui la motivait, tout a très bien fonctionné entre nous. Je l'ai toujours écoutée, selon ses humeurs, pour évoluer avec elle sans la contraindre. Par exemple, si je ne l'emmenais pas se balader entre deux séances, je pouvais faire une croix sur les exercices prévus le lendemain.* »

Grâce à ces promenades loin des obstacles et des parcours, le duo développe plus librement une jolie complicité. Venezia s'attache à ce cavalier au caractère bien différent du sien : il a beau parfois douter de lui-même, jamais il ne baissera les bras face au travail qui l'attend. Une bienveillance qui encourage Thierry : « *Venezia m'a fait découvrir mon potentiel. J'avais les capacités, j'étais expérimenté, je le savais, mais pas au point d'atteindre le très haut niveau. Tous les deux, on a appris à croire l'un en l'autre.* »

« Venezia est un joyau. J'ai eu la chance d'avoir ce diamant brut entre les mains : j'ai essayé de ne pas l'abîmer, j'ai essayé de ne pas le casser, j'ai toujours fait de mon mieux pour elle. »

Quelques mois plus tard, il est temps pour le duo de se confronter à ses premiers concours en portant les couleurs de l'équipe de France, afin de se préparer aux JO. Parcourant l'Europe en camion (« *Venezia ne supportait pas de voyager dans un petit camion deux places, alors on circulait toujours dans le grand !* »), il s'illustre sur la piste en herbe du jumping de la Baule (avec un joli double sans faute durant la Coupe des nations), à Sopot, à Rotterdam…

---

[11] Voir p. 68-69.

Et le voilà bientôt mobilisé pour participer au mythique CHIO[12] d'Aix-la-Chapelle, puis aux Jeux équestres mondiaux (JEM) aux États-Unis, en 2018. Ces compétitions permettent à Thierry et à Venezia de consolider aussi bien leur niveau que leur connivence, malgré l'allure folle à laquelle défilent leurs journées sous les vivats du public : « *Avec le temps, on ne réfléchissait même plus quand on se parlait – c'était devenu naturel, presque un réflexe. Un regard me suffisait pour la comprendre : si elle était de mauvaise humeur ou frustrée, je le voyais tout de suite.* » Tokyo 2020 n'est plus très loin pour ce couple qui ne cesse de briller à l'international… Thierry gagnera-t-il son pari ?

UN RESPECT MUTUEL

À peine l'année 2020 a-t-elle commencé que Thierry et Venezia poursuivent leur ascension, mais l'actualité les rattrape bien vite : « *Tout était programmé au millimètre près : les entraînements, les concours, le travail de Venezia… Le seul imprévu, c'était le COVID !* » Face aux mesures sanitaires qui s'enchaînent (confinements, rassemblements interdits, déplacements limités…), le calendrier des compétitions équestres est intégralement revu, et les JO de Tokyo sont repoussés en 2021. Or Venezia, qui commence à blanchir tout doucement sous le harnais, sera peut-être trop âgée pour y participer. Bien qu'il soit triste que son rêve lui échappe, Thierry pense d'abord à sa jument : « *En 2020, elle avait 15 ans, c'était parfait : elle était au top de sa forme et de sa carrière sportive. Après avoir appris que les JO auraient lieu l'année suivante, j'ai tout de suite décidé d'arrêter Venezia à ce moment-là.* »

« J'ai perdu mon pari d'aller à Tokyo, mais j'ai gagné une super jument ! »

« *Pour moi, c'était une forme de respect envers elle et une manière de la remercier pour tout ce qu'elle avait fait pour moi et pour l'équipe de France, et surtout pour cette extraordinaire relation que l'on a construite et entretenue tous les deux* », poursuit Thierry. Venezia fait donc ses adieux à la compétition en 2020 au jumping de Grimaud, lors d'une cérémonie d'hommage organisée en son honneur. « *Je ne le regrette pas du tout : il faut savoir arrêter les carrières sportives au bon moment, et c'était le meilleur pour elle. J'ai perdu mon pari d'aller à Tokyo, mais j'ai gagné une super jument !* »

Parfois, un simple pari peut donner lieu à une rencontre hors du commun et à une relation fructueuse. Si Thierry poursuit aujourd'hui sa carrière sportive, Venezia profite désormais d'une retraite bien méritée, loin des terrains de compétition, en savourant la bonne herbe des pâtures normandes. Dès qu'il passe dans la région, Thierry ne manque pas d'aller visiter sa belle alezane, avec laquelle il a vécu une sacrée histoire.

[12] Concours hippique international officiel.

4

Décrypter
le langage corporel des chevaux

Les chevaux sont des animaux sociaux et très sensibles, qui expriment leurs émotions de diverses façons avec leur corps. Pour construire une relation harmonieuse avec son cheval, il est fondamental, comme Thierry le faisait au quotidien avec Venezia, de savoir décrypter les signaux qu'il émet. Comprendre ce que l'animal « dit » permet d'interagir avec lui de manière cohérente et de lui répondre. En observant les différentes parties de son corps, on peut en apprendre beaucoup sur l'état mental et l'humeur d'un cheval : ses oreilles, son regard, ses naseaux et son attitude générale sont de bons indicateurs.

« JE SUIS CURIEUX »

Si un cheval a les oreilles pointées vers l'avant, en direction de ce qui attire son attention, il manifeste sa curiosité. Il a aussi le regard vif et tend le cou vers l'objet ou la personne en le ou la reniflant. Un léger renâclement ou un souffle rapide par les narines peut aussi traduire sa curiosité.

« JE SUIS BIEN ICI »

Quand un cheval est relaxé, il a les oreilles relâchées, légèrement inclinées vers l'arrière ou sur les côtés, dans une position neutre. Les yeux mi-clos, il bat lentement des paupières, et son corps se détend. Il peut parfois se tenir sur trois jambes, en soulevant légèrement la quatrième.

« JE SUIS CONTENT »

Un cheval épanoui peut, dans un moment de joie, trotter ou galoper avec enthousiasme, la queue relevée. Ses mouvements se font amples et bondissants. Il se roulera parfois au sol, lancera des petits coups de patte en l'air et des hennissements. Quant à ses oreilles, elles sont pointées vers l'avant, et son regard est brillant.

« J'AI MAL QUELQUE PART »

Il est assez facile de s'en rendre compte : un cheval avec un membre douloureux se tient anormalement, et il peut lui arriver de se cambrer. Ses mouvements sont raides, ses muscles plus tendus, et il hésitera parfois à bouger ou à se lever. Il se montre aussi plus sensible au toucher, en réagissant de manière exagérée lorsqu'on le caresse ou le brosse. La surveillance est de mise, car certains signes méritent une attention immédiate : si l'animal refuse de s'alimenter et/ou de se lever, s'il s'allonge et se relève sans cesse, il faut appeler le vétérinaire.

« JE SUIS EN ALERTE »

Avant tout une proie, un cheval reste souvent sur ses gardes. Quand il est dans un état de vigilance, il se montre aussi attentif que stressé. Ses oreilles, mobiles et pointées vers l'avant, épient le moindre bruit alentour. Les yeux grand ouverts et le souffle bref, il lève son museau et sa queue plus haut que d'habitude, dans une posture rigide qui lui permettra de réagir instantanément en cas de danger.

« J'AI PEUR »

Lorsqu'un cheval a peur, ses oreilles se plaquent en arrière ou pivotent rapidement dans plusieurs directions, et ses yeux sont presque écarquillés, révélant parfois même le blanc situé tout autour. Il montre des signes évidents de nervosité : il peut trembler, respirer rapidement, ronfler, avoir la queue crispée ou plaquée contre ses fesses. Il peut également reculer brusquement, se figer ou faire demi-tour violemment, tout en émettant des hennissements plus aigus et longs qu'à l'accoutumée.

« J'EN AI MARRE »

Comme nous, les humains, un cheval peut s'agacer, surtout si quelque chose le gêne ou met ses nerfs à rude épreuve. Dans ce cas, ses oreilles sont tournées vers l'arrière et sa queue fouette rapidement l'air. Son regard se fait plus dur, ses paupières se plissent légèrement et il commence à s'agiter : il peut très bien mordre l'air, grincer des dents, taper du pied ou secouer la tête avec brusquerie.

« Apache et moi, on faisait les quatre cents coups »

À la fois meneur d'attelage dans le top 10 mondial, cavalier à haut niveau et artiste équestre, Benjamin Aillaud a de multiples casquettes ! Il alterne au quotidien entre les pistes de coupe du monde et les scènes de cabaret équestre, en laissant toujours briller ses montures, qui partagent sa vie depuis de nombreuses années. Retour dans son village de montagne où, enfant, il adorait jouer au cow-boy avec Apache, son tout premier poney.

PROMESSE D'ENFANCE

« *Enfant, j'ai assisté à une représentation où des chevaliers, juchés sur leurs montures, accomplissaient des prouesses. Du haut de mes 4 ans, je me suis promis qu'un jour, moi aussi, j'aurai un cheval !* » Tout petit déjà, Benjamin adore les chevaux, même si ses parents n'en possèdent pas dans leur ferme : « *Ce mélange de puissance et de douceur qu'ils dégagent me fascine. J'ai aussi toujours admiré ce qu'ils représentent dans notre histoire.* » Déterminé à tenir cette promesse faite à lui-même, le petit garçon cherche un moyen de récolter de l'argent. Justement, il a monté depuis peu un spectacle de rue avec ses frères et sœurs et se produit devant tout le village : il jongle, fait du monocycle, des cascades…

Peu à peu, la magie prend : à force de se produire et de répéter leurs numéros, les enfants perfectionnent leur pratique et attirent un public curieux… qui, toujours plus enthousiaste, commence à leur laisser quelques pièces. « *Au début, nous donnions quelques représentations pour nous amuser, puis, de prestation en prestation, nous nous sommes "professionnalisés" et avons commencé à gagner de l'argent. Moi, j'ai mis des sous de côté pour mon futur cheval.* » En deux ans, Benjamin parvient presque à rassembler la somme nécessaire, emprunte à son frère ce qui lui manque et demande enfin l'autorisation à ses parents. Après quelques négociations, il obtient le « Bon, d'accord » tant espéré.

« J'ai réussi à convaincre mes parents de me laisser m'acheter un cheval avec mon propre argent… à 6 ans seulement ! »

Chose promise, chose due : sa mère emmène Benjamin chez un maquignon qui vend des chevaux dans le sud de la France. Le petit garçon est émerveillé : « *Il nous a présenté son troupeau. Il y avait tellement de chevaux !* » Pourtant, il n'a aucun mal à choisir : « *Mon regard s'est directement posé sur un joli petit cheval à la robe pie noir. Comme je l'ai appris plus tard, c'était un petit pottock croisé pur-sang arabe qui mesurait environ 1,50 mètre. Un grand sourire aux lèvres, je l'ai pointé du doigt et le maquignon m'a mis sur son dos. J'ai tout de suite adoré et, sans aucune hésitation, j'ai su que c'était ce cheval que je voulais – un vrai coup de cœur !* »

Quelques jours plus tard, Benjamin accueille son nouvel ami. « *Un camion l'a déposé au village et nous sommes allés le chercher à pied : la route qui menait jusqu'à notre ferme était trop étroite pour que les poids lourds puissent l'emprunter. Nous avons gravi la montagne à pied et l'avons mis au pré avec nos vaches et nos chèvres. Il s'est très vite acclimaté. Son arrivée a d'ailleurs servi de déclencheur dans la vie à la ferme : petit à petit, de nouveaux chevaux venaient chez nous, et des vaches en partaient... jusqu'au jour où elles ont été complètement remplacées ! Bref, j'ai peut-être contribué à la naissance d'une passion familiale, qui sait ?* »

Ce qui est sûr, c'est que Benjamin se lie très vite avec son cheval, qu'il baptise Apache, en référence aux westerns de John Wayne, qu'il adore. « *Tous les cow-boys dont je visionnais les histoires avaient ainsi nommé leur monture !* » Impatient de vivre des aventures épiques avec Apache, le petit garçon s'entraîne à le monter en imitant ses personnages préférés : « *À son arrivée, Apache avait environ 4 ans, il était déjà débourré, mais, tous les deux, nous avions tout à apprendre de l'équitation. N'ayant au début pas de formation académique, mais les cow-boys comme seule source d'inspiration, je me suis mis à reproduire leur comportement. Chapeau sur la tête et regard vague à l'horizon, je passais ma vie à cheval sous le soleil ; nous ne nous quittions pas d'un poil ! Je me suis très vite pris d'affection pour ce nouveau compagnon de vie, et du jour au lendemain, il est devenu mon meilleur ami.* »

Comme un vrai cow-boy solitaire, Benjamin passe « *ses jours et ses nuits* » aux côtés d'Apache, et tous les deux s'apprivoisent sous le chaud soleil du Sud. « *C'est de cette façon que notre lien s'est créé petit à petit !* »

DEUX COMPÈRES CASCADEURS

Benjamin et Apache ne sont jamais l'un sans l'autre – même l'école ne peut pas les séparer : content d'évoluer avec ce petit cavalier débordant d'énergie, Apache l'y accompagne avec plaisir. « *Comme on habitait en haut d'une montagne, je devais descendre un sentier pour aller en classe. Le matin, je me hissais donc sur le dos d'Apache, et je l'attachais dans une étable voisine de mon école.* » Pendant que Benjamin apprend grammaire et tables de multiplication, Apache, lui, « *passe des journées tranquilles avec les vaches, avec lesquelles il s'entendait plutôt bien. La classe terminée, je revenais le voir et j'en profitais pour aider le paysan à nettoyer l'étable, puis nous rentrions dîner.* »

Tout déplacement est bon pour passer du temps ensemble : dès que Benjamin doit se rendre quelque part, chez un ami, pour faire une course au village voisin, Apache répond joyeusement à l'appel. « *Il me suivait partout et ces petits moments du quotidien passés avec lui m'ont permis de devenir petit à petit plus autonome, de m'émanciper.* »

En effet, aller à l'école, c'est bien, mais partir à l'aventure, c'est encore mieux ! Benjamin et Apache passent ainsi leur temps libre à explorer la nature qui les environne. « *Lorsqu'on était ensemble, rien ne nous paraissait impossible : sauter des obstacles dans la forêt ? Facile ! Aller nager dans les rivières ? Évidemment ! Faire du débardage dans la forêt ? Un jeu d'enfant ! D'ailleurs, je me souviens d'une frayeur qu'on a eue tous les deux...* »

Un jour, Benjamin propose à Apache d'essayer le ski-joëring avec les moyens du bord. « *J'avais vu une compétition à la télévision chez des amis, et j'avais envie qu'on fasse pareil.* » Les conditions sont réunies : Benjamin a son cheval, un très bon niveau en ski et beaucoup de neige autour de lui, en ce rude hiver. « *Bref, les trois éléments indispensables pour se lancer dans la discipline ! Un beau matin, je me suis donc lancé dans la fabrication d'un système permettant à Apache de me tracter. J'ai utilisé du matériel qu'on avait à la maison et un collier de chasse, mis ce "harnais" au point, puis harnaché Apache.* »

Skis aux pieds et rênes en mains, Benjamin repère un petit coin forestier au calme, puis s'équipe. Les attaches en place, il s'élance, mais... « *J'avais oublié une toute petite chose : la sécurité.* »

Son système fonctionne en effet parfaitement, mais peut-être un peu trop. Au début, tout se déroule à merveille. Plutôt confiant, Benjamin file sur la neige derrière un Apache lancé à vive allure : ils slaloment souplement entre les arbres et les buissons, profitant du calme de la forêt. « *Tout à coup, Apache a été effrayé par quelque chose et s'est emballé. En une fraction de seconde, j'ai perdu le contrôle et je suis tombé. Problème : je m'étais attaché à lui, ce qu'il ne faut jamais faire !* » Le voilà donc au sol, traîné par Apache qui, affolé, galope à toute vitesse de manière incontrôlable. « *Pris de panique, il ne m'écoutait pas du tout et ne se souciait plus de moi.* »

Benjamin se démène pour survivre : « *Je tente en vain d'attraper les rênes, de repérer où je suis et, surtout, de ne pas heurter un arbre... Je dois rester en vie ! Les secondes paraissent interminables, le temps s'allonge, je continue d'être brinquebalé par mon poney. Incapable de trouver une solution. Nous allons tellement vite, avec tant de violence, que j'en perds mes skis et mes chaussures. Après de longues minutes, par miracle, je réussis à récupérer les rênes et à stopper Apache... Ouf, il était temps ! Je suis trempé, en chaussettes, j'ai bien failli y rester.* » Pantelants, les deux amis reviennent lentement à la maison.

« Apache me traînait comme un fétu de paille au ras du sol, et je frôlais les arbres les uns après les autres. »

Que d'émotions ! Une leçon apprise « *à la dure* », qui agit encore aujourd'hui sur Benjamin. En entraînement ou en compétition, il ne transige jamais avec la sécurité : « *Cette mésaventure, qui aurait pu très mal tourner, m'a appris à toujours vérifier le bon respect des règles, surtout en attelage, où les accidents peuvent vite arriver.* »

CONFIANCE À 1 000 %

Malgré la violence de cet épisode, Benjamin et Apache sont, bien sûr, toujours aussi soudés, et même encore plus qu'avant. « *Après avoir pris un peu de temps pour nous en remettre, nous avons repris notre quotidien. Nous n'allions certes pas retenter le ski-joëring de sitôt, mais nous continuions nos balades en forêt, de plus en plus loin. Sur le chemin du retour, il faisait souvent nuit noire. Il faut s'imaginer le lieu pour visualiser : ma ferme étant isolée au milieu des bois, nous devions éviter des branches, des ravins, des troncs au sol... pour la rejoindre.* »

Benjamin a beau connaître la montagne par cœur, il ne voit strictement plus rien dans cette obscurité totale, alors il se fie entièrement à Apache qui, lui, s'y débrouille très bien. « *Chaque fois, c'étaient des sensations folles : à une heure de chez moi dans la nuit, sans lumière, j'étais obligé de lui accorder une confiance totale. Combien de fois me suis-je retrouvé à le lancer à l'aveugle au galop dans les bois, accroché à son encolure et une main devant le visage pour me protéger des branches, jusqu'à l'arrivée ! Avec mon chapeau et ma parka en cuir – à l'américaine, quoi ! –, j'avais l'impression de ne faire plus qu'un avec lui, comme un vrai cow-boy. Je lui faisais confiance à 1 000 %. C'était une relation au-delà des mots.* »

Cette enfance riche en découvertes et en émotions, parfois digne d'un film d'action, a ainsi forgé très tôt la manière de Benjamin d'approcher ses chevaux. « *Je pense que, pour être bon à cheval, il faut bien connaître sa monture. C'est en vivant toutes ces expériences – plus ou moins périlleuses – avec Apache qu'on a appris à se connaître... Finalement, une relation avec un cheval n'est pas si différente de celle que l'on entretient avec un humain. Si on fait toujours la même chose avec un cheval, on ne le connaît pas réellement, mais seulement en surface. Moi, dans mon travail et mes relations aux chevaux, j'ai ce besoin de rencontrer le cheval dans différents environnements, différents exercices et disciplines pour vraiment le connaître. Cela permet au cheval de se révéler, d'apprendre à s'adapter, d'évoluer et de grandir. Rien n'est jamais acquis ; il ne faut pas considérer que le cheval nous appartient mais simplement que le temps passé avec lui nous appartient. Cette philosophie-là, c'est celle grâce à laquelle on peut vraiment construire quelque chose avec eux.* »

« Avec Apache, j'ai tout testé, et c'est ainsi que j'ai grandi avec lui. »

Un cheval
à la maison

Beaucoup de cavaliers en rêvent, mais... il faut avoir la place – pas seulement chez soi, mais aussi dans sa vie ! Un cheval à la maison impose d'adapter son mode de vie au sien. Voyons en quoi cela consiste.

UN ESPACE SÉCURISÉ

Un cheval étant un animal d'extérieur, il vous faudra veiller à ce qu'il vive dans un espace assez grand, nettoyé de toutes plantes toxiques (voir encadré ci-contre) et pourvu d'un coin d'ombre et d'un abri. Bien sûr, votre cheval doit avoir facilement accès à de la nourriture en quantité suffisante ainsi qu'à de l'eau propre et fraîche. N'oubliez pas non plus les clôtures pour qu'il soit bien en sécurité, et veillez à ne pas le laisser tout seul. Le cheval ayant en effet un instinct grégaire, il appréciera la compagnie de ses congénères, ou celle d'autres animaux (vaches, chèvres..., comme chez Benjamin).

1 HECTARE AU MINIMUM

Un petit jardin ne suffit pas à un cheval. En général, s'il mange uniquement de l'herbe (sans apport de foin ou de grain), on dit qu'un terrain de 1 hectare lui fournira suffisamment d'herbe pour que son alimentation soit équilibrée. L'idéal pour préserver la qualité du sol et de l'herbe est de mettre une partie du terrain en jachère, et l'autre en pâturage. Le sol a ainsi le temps de se reconstruire et l'herbe de pousser. Votre cheval aura ainsi toujours de quoi manger ! N'oubliez pas de complémenter avec du foin si le terrain est pauvre en herbe, en hiver par exemple.

ÊTRE TOUJOURS LÀ POUR LUI

Qu'il pleuve, qu'il neige ou qu'il vente, les besoins fondamentaux d'un cheval ne changent pas. Il faut le nourrir et lui donner à boire, ce qui implique des réveils matinaux au quotidien… toute l'année, Noël et jour de l'An inclus ! Avoir un être vivant sous sa responsabilité implique de s'activer pour deux : pour soi-même… et pour son petit protégé !

Les plantes toxiques

Vus devez devenir incollable à ce sujet si vous voulez installer votre compagnon dans votre jardin. Voici déjà quelques indications. Le cheval adore les carottes et les pommes, mais son système digestif, assez sensible, ne pourra pas digérer les choux, les tomates, les pommes de terre, les oignons, l'avocat… ni le pain dur. Ce dernier peut en effet provoquer des bouchons d'œsophage ou des coliques, alors à éviter ! Au pré, les ifs, le laurier, les colchiques, les fougères, la ciguë et bien d'autres ne sont pas tolérées par le cheval. Si vous avez un doute, demandez à votre vétérinaire ou faites expertiser votre pré par un moniteur ou un cavalier professionnel, qui vérifiera que votre terrain est sans danger.

GÉRER SON AGENDA

Un cheval qui vit sur les terres de son propriétaire ne passe pas toute sa vie au pré. Contrairement à un cheval en écurie, pour lequel les différents rendez-vous sont pris en charge par les employés de la structure, c'est au propriétaire de tout organiser lui-même. Faire venir le maréchal-ferrant, traiter les vermifuges… sont autant d'obligations médicales à glisser dans votre propre emploi du temps afin de maintenir votre cheval en bonne santé. Si vous voulez apprendre à détecter vous-même que votre cheval va mal, souffre d'une boiterie ou a besoin de soins en urgence, il n'y a pas de secret : plus vous passerez du temps à ses côtés, plus vous affinerez votre perception.

Les aventures d'Apache et de Benjamin vous ont donné soif de nature et de liberté ? Découvrez les œuvres de l'écrivain et explorateur américain Jack London (1876-1916), qui mettent en scène de jolies histoires d'amitié entre homme et animal. Dans son État de naissance, en Californie, il possédait un vaste domaine agricole où se trouvait un ranch, aujourd'hui ouvert à des randonnées équestres.

« Sertorius m'a appris la résilience »

Lorsqu'elle rencontre Sertorius, Pauline Basquin, étoile du dressage français, n'imagine pas les épreuves qui l'attendent. Leur histoire est certes mouvementée, mais révélatrice d'une belle confiance réciproque entre cavalier et monture.

RENCONTRE AU CADRE NOIR

À peine Pauline a-t-elle débuté ses études de professeure d'EPS qu'elle retourne bien vite vers l'équitation, sa passion première : « Mon tout premier souvenir à cheval ? Peluche, un petit shetland alezan crins lavés que mes parents avaient dans leur poney club – je le montais à 4 ans, même pas ! » Pauline s'inscrit à la célèbre École nationale d'équitation de Saumur (Maine-et-Loire), pour y passer son BEES2 (Brevet d'État d'éducateur sportif), qu'elle obtient brillamment. Une fois son diplôme en poche, une place se libère au concours d'écuyer du Cadre noir. Elle décide de tenter sa chance. C'est ainsi qu'en 2006, après avoir obtenu d'excellents résultats, elle est sélectionnée pour intégrer les rangs de la très prestigieuse écurie du Cadre noir[13] de Saumur et y devenir écuyère. Si le mot « écuyer » renvoie aux temps des chevaliers de l'époque médiévale, un écuyer n'a plus, de nos jours, la charge d'assister un preux guerrier en vadrouille.

« L'équitation, c'est une histoire de couple, un échange, une danse à deux. Si le courant passe, la relation doit se construire avec de l'amour et du respect. Quand on fait du sport avec les chevaux, cela crée quelque chose en plus. »

Au Cadre noir, la mission de Pauline, qui a réussi le concours, consiste à former de futurs professionnels de l'équitation, à s'entraîner pour préparer des compétitions, à dresser les chevaux de l'école. « *Une fois écuyère, je ne suis jamais repartie de mon lieu de formation.* »

Une décision qu'elle ne regrettera pas : au début des années 2010, on lui présente un petit cheval de sport noir de 3 ans, arrivé depuis peu aux écuries. Son nom ? Sertorius de Rima Z*IFCE. En attendant qu'il soit assez grand pour porter un homme[14], Pauline s'en occupera en séance de dressage.

UN CHEVAL BIEN DANS SES SABOTS

Encadré par cette écuyère empathique (« *Sportive, je sais ce que signifie pousser son corps et dépasser ses limites – la difficulté, je connais ! Je suis donc tolérante avec mes chevaux et je les écoute attentivement quand on travaille ensemble* »), Sertorius prend rapidement confiance en lui et en Pauline.

---

[13] Cet examen n'a pas lieu de manière régulière, mais uniquement lorsqu'un place d'écuyer se libère au sein du Cadre noir.

[14] Au départ, Sertorius devait devenir « sauteur » au Cadre noir, mais il était encore trop petit et pas assez « porteur », alors Pauline l'a pris en charge.

329

À force de la voir tous les jours, il arrive même à déceler ses émotions : « *Il ressent tout très fort. Il a beau ne pas être le plus câlin de tous, il n'hésite pas à venir poser sa tête sur mon épaule pour me réconforter les jours où je ne suis pas de très bonne humeur. Il est très attachant.* »

Impossible en effet de rester morose bien longtemps à côté de ce « *battant plein d'énergie* », toujours heureux de voir sa cavalière, qu'il connaît désormais très bien : « *Mon moment préféré avec lui, au quotidien, c'est m'asseoir sur son dos. En général, les chevaux prennent l'habitude de partir au pas au montoir lorsque je me mets en selle ; je prends alors leur rythme en me hissant sur eux. Sertorius, lui, part au petit trot, et j'adore ça ! Dès qu'il me sent grimper, il m'emmène en balade. Il sait exactement où il veut aller, il part sur les pistes tout seul... et cela me fait beaucoup rire. Il me montre qu'il est content d'aller se promener, d'être monté et de travailler avec moi. Et c'est réciproque : je suis ravie d'être à ses côtés.* »

Née à l'écurie et à l'entraînement, cette alchimie dépasse bientôt les terrains de travail, pour se muer en une amitié à toute épreuve. Résistera-t-elle à celle que réserve l'avenir à cet inséparable duo ?

UNE MALADIE INATTENDUE

Mai 2019. L'entraînement terminé, Pauline vaque aux écuries. Les chevaux viennent de recevoir leur ration. Pourtant, remarque-t-elle tout de suite, Sertorius s'est couché dans son box sans toucher à la sienne : « *C'est à ce moment-là que j'ai su que ça n'allait vraiment pas du tout. On l'a directement relevé, mis dans le camion et conduit à la clinique, où il a été opéré dans la nuit. Il souffrait de fortes coliques.* »

Commence alors pour Pauline, sonnée (« *Cela a été un énorme coup de massue* »), une longue période d'attente, où l'angoisse fait place à l'espoir, et vice versa : « *À son réveil, il restait sous surveillance, et je ne pouvais pas lui rendre visite tous les jours. Loin de lui, j'attendais en permanence que l'on me donne de ses nouvelles, c'était extrêmement stressant. En plus, son état fluctuait : on nous disait qu'il allait mieux et qu'il pouvait rentrer chez lui, mais son état de santé se dégradait et ils préféraient le garder... C'était très difficile pour moi.* » Cet enfer durera trois longs mois pour Sertorius et Pauline, qui se fait un sang d'encre, sans pour autant baisser les bras.

« Il sait tout de moi et je sais tout de lui. C'était horrible de ne pas être à ses côtés ! »

Les entraînements, les compétitions, les performances... Ces préoccupations ont déserté son esprit depuis bien longtemps : « *Il n'était même pas question de savoir si on referait ou non de la compétition, ou de savoir si je le remonterais... Je voulais juste qu'il s'en sorte, je ne voulais pas perdre mon ami. J'avais vraiment l'impression d'être dans une impuissance totale. Le pronostic n'était pas bon du tout. Vivre avec Sertorius était devenu mon quotidien, il fait partie de ma famille. C'est mon meilleur ami, mon confident. Notre relation est assez fusionnelle, parce qu'on se comprend. Il sait tout de moi et je sais tout de lui. C'était horrible de ne pas être à ses côtés !* »

Enfin, après de longues semaines, Pauline et son équipe prennent une décision : Sertorius poursuivra sa convalescence chez lui, au Cadre noir. Hélas, le cheval n'est pas encore tiré d'affaire : « *Les coliques n'étaient que le début... Au niveau de son ventre s'était développée une énorme hernie, et ça, c'était le plus stressant pour nous. Après l'opération, Serto avait attrapé un staphylocoque à la clinique. Il n'avait pas du tout cicatrisé pendant sa convalescence et, huit mois après la découverte de ses coliques, on a dû le réopérer.* »

Cette fois, c'est à Saumur que se déroulent les soins, en février 2020. L'effervescence règne dans les locaux : « *Pour la première fois, on opérait dans notre clinique un cheval avec une durée d'anesthésie aussi longue. C'était le branle-bas de combat : on avait fait venir un chirurgien néerlandais spécialisé dans la chirurgie de l'abdomen, nos trois vétérinaires de Saumur étaient réquisitionnés – bref, tout le monde avait répondu présent !* »

Malgré l'angoisse ambiante, Pauline doit à nouveau faire preuve de patience pendant l'opération. Cependant, Sertorius la voit à son chevet lorsque l'anesthésiste l'endort, puis à son réveil. On attend, on croise les doigts. Enfin, au soulagement général, l'opération est un succès. Sertorius est hors de danger, mais une pensée taraude encore Pauline : « *Le plus stressant restait encore à venir : le "après".* »

La mythique ville de Saumur, où Pauline a fait ses classes et rencontré Sertorius.

SE BATTRE POUR GUÉRIR

À peine remis de leurs émotions, Pauline et Sertorius voient leurs nerfs une fois de plus mis à rude épreuve : « *Pendant les semaines qui ont suivi la chirurgie, il nous fallait rester vigilants : le staphylocoque ne devait pas se réveiller. Sinon, il se remettrait à grignoter le ventre de Serto, qui, dans ce cas, serait perdu. Le stress ne nous a donc pas quittés à son réveil, il a été de la partie encore bien longtemps !* » Déterminé à s'en sortir une bonne fois pour toutes, Sertorius se ménage et prend l'air dans un petit paddock, sans s'agiter ni trop bouger, pour éviter que son ventre se déchire.

Toute l'équipe l'observe avec inquiétude : « *Personne ne pensait qu'il s'en sortirait, tout le monde le croyait condamné.* » Pourtant, il s'accroche, étayé par son écuyère : « *J'y ai toujours cru, je l'ai toujours su, et je n'ai jamais lâché. Au plus profond de moi-même, je le sentais, je savais qu'il allait revenir, alors que tout le monde était persuadé que c'était la fin.* » À force de patience, de courage et de soutien mutuel, tout finit par rentrer dans l'ordre : la santé de Sertorius s'améliore petit à petit.

« Au plus profond de moi-même, je le sentais, je savais qu'il allait revenir, alors que tout le monde était persuadé que c'était la fin. »

Ce n'est qu'au moment où Sertorius se remet en douceur à s'entraîner que Pauline prend pleinement conscience de ce qu'ils viennent tous deux de traverser : « *Je me souviens très bien du moment où je l'ai remonté pour la première fois depuis sa convalescence : c'était très émouvant pour moi. Après des mois de bataille face à la maladie, même si j'avais toujours cru en lui, cette fois-ci, c'était vrai, c'était concret.* »

« *On y était : Serto avait réussi, il s'était battu. Au moment où je me suis assise sur son dos, j'en ai eu les larmes aux yeux… Je ressentais une sorte de sentiment de victoire, je ne pouvais pas être plus fière de mon petit guerrier.* » Après un an de convalescence et de remise progressive à l'entraînement, Sertorius est fin prêt à fouler les pistes de concours en janvier 2021. Le meilleur dans tout ça ? « *Il n'avait rien perdu de son enthousiasme ! Quand on a recommencé le travail, il a montré qu'il était là… et même qu'il était meilleur qu'avant !* »

RETOUR TRIOMPHAL

Bientôt, le duo, ressorti encore plus soudé que jamais après ces trois éprouvantes années, se fait une place en compétition de dressage : « *L'un de mes meilleurs souvenirs ? Notre freestyle à la Coupe du monde de Lyon de 2023 : nous avons terminé troisièmes en battant notre record personnel. Après tout ce que nous avions traversé, c'était fantastique ! Serto a vraiment un caractère en or. J'ai une totale confiance en lui, et lui en moi. Bon, il a toujours aussi été un peu frimeur… Il aime se montrer, se présenter, il adore qu'on l'applaudisse – rien qu'à voir sa tête, on sait qu'il est dans son élément !* »

Leur histoire ne s'arrête pas là : Pauline et Sertorius sont au programme des Jeux Olympiques de Paris 2024 ! « *C'est quelque chose que je n'aurais pas pu imaginer quelques années avant, quand il était malade. L'ambiance à Versailles était incroyable ! Le public a été formidable et très étayant. Sertorius avait lui-même pris la mesure de l'événement : je le sentais, il était en "mode guerrier", il débordait d'énergie.* »

« C'est mon cheval de cœur. J'aurai peut-être de meilleurs chevaux en matière de performances sportives, mais je ne sais pas si je pourrais avoir à nouveau une relation comme celle-là, très fusionnelle. »

Le cheval est même ému de l'accueil qui lui est réservé : « *Le premier jour, le public a applaudi avec entrain avant le début de notre reprise, ce qui est inhabituel en dressage. Serto bouillonnait sous ma selle, je le sentais. Nous sommes restés bien concentrés, même si ce n'est pas facile quand on monte à cheval devant le château du Roi-Soleil ! Les larmes me montaient aux yeux. J'ai adoré ces instants, et je crois que lui aussi a aimé danser à Versailles.* »

Une fierté que Sertorius ramène à la maison : « *À peine étions-nous rentrés des Jeux qu'il piaffait déjà le lendemain matin, dans son paddock, déchaîné et prêt à attaquer sa journée. Ce qui ne l'empêchait pas, dès que quelqu'un passait, de s'arrêter net, de relever la tête et de le toiser d'un air très expressif, comme pour dire "Hé, tu as vu, c'est moi !"* »

Jalonnée d'obstacles, l'histoire de Pauline et Sertorius ne les a pas laissés indemnes, mais ils se sont toujours relevés... Une belle leçon de vie que Pauline n'oubliera jamais : « *Cette relation m'a appris qu'il ne fallait jamais rien lâcher. Pendant ces mois de stress, Serto est toujours resté digne : son physique ne s'est jamais dégradé, alors que les protocoles médicaux lui imposaient un régime strict. Il a montré au monde entier que même en cas de problèmes, il fallait se battre, qu'on pouvait y arriver et qu'on pouvait s'en sortir.* »

Pauline et Sertorius entrent en piste lors de l'épreuve de freestyle, prêts à donner le meilleur d'eux-mêmes !

Communiquer
en selle

Le but, en dressage, est d'inciter le spectateur à croire que tout est facile, comme si le cheval accomplissait les figures de lui-même, avec son cavalier juste « posé » sur son dos. Bien sûr, c'est bien loin de la réalité ! Quand on est en selle, il existe de multiples manières de communiquer avec son cheval. En voici quelques-unes, qui sont essentielles si l'on veut que ce dernier nous comprenne.

LE POIDS DU CORPS

En selle, l'équilibre du cavalier agit chaque instant sur l'attitude du cheval. Une assiette qui « pousse dans la selle » (quand le bassin accompagne le mouvement) indique à l'animal d'agrandir ses foulées d'une allure, voire de passer à la vitesse supérieure. À l'inverse, en bloquant le bassin, le cavalier signifie à sa monture de décélérer, de réduire son amplitude ou d'effectuer une transition descendante. S'il est un peu trop « assis sur sa fesse gauche », le cheval peut perdre son équilibre et dévier de ce côté, et vice versa.

La précision de l'équilibre en selle est donc primordiale dans le travail de dressage, ce que révèlent les performances de Pauline lorsqu'elle déroule une reprise (voir Lexique p. 138). Enfin, seul un œil très averti le verra. En effet, c'est là toute la subtilité de la discipline : derrière la fluidité des mouvements, l'intensité de l'effort ne doit pas se deviner. Le cavalier se gaine ou se redresse imperceptiblement, et le cheval accomplit une figure particulière. Cela paraît très simple, mais il faut des années de pratique !

LE REGARD

Juché sur son cheval, le cavalier doit regarder devant lui, dans la direction où il veut aller. Lorsqu'il fixe un point à l'horizon, il dirige naturellement son corps vers celui-ci.
Le même mécanisme se met en marche quand il se concentre sur une lettre de la carrière pour effectuer une figure de dressage : son corps s'oriente naturellement vers elle. Et, comme le cheval ressent tout, la communication avec lui sera d'autant plus simple, parce que le cavalier lui aura déjà indiqué où il veut aller sans même s'en rendre compte.

L'erreur à éviter

Regarder l'encolure de son cheval ou ses mains est à proscrire. S'il baisse le regard, le cavalier déplace son centre de gravité vers l'avant, et l'équilibre du cheval suit. À retenir : quand vous voulez aller quelque part, vous regardez généralement où vous allez, et pas vos pieds… Eh oui, monter à cheval, c'est aussi faire preuve de bon sens !

LES JAMBES

Avec une très discrète pression de la jambe ou du mollet, on peut indiquer à son cheval d'aller à une allure supérieure ou de se déplacer latéralement lors d'exercices de dressage, comme la cession à la jambe ou l'appuyer. Selon l'emplacement et la fermeté de la pression effectuée, on ne transmet pas le même message. Cela dépend aussi de la façon dont le cheval a été dressé et de sa sensibilité, c'est donc à voir au cas par cas !

LA VOIX

Bien que le cheval ne parle pas avec des mots, il est possible de communiquer avec lui dans notre langue (et dans toutes les langues d'ailleurs, c'est l'avantage !) pour le féliciter, l'encourager, le calmer – à chaque situation, son intonation de voix. L'important quand on utilise de telles aides est de privilégier la cohérence et de coordonner les signaux qu'on envoie au cheval : on ne peut pas lui intimer d'avancer en serrant les mollets, tout en exerçant trop de pression sur ses rênes et en ayant regard ailleurs. Si le cavalier est contradictoire dans ses demandes, il n'obtiendra pas le résultat souhaité. Il lui faut donc toujours être conscient de la façon dont il interagit avec son cheval pour lui demander les bonnes choses au bon moment et avoir les réponses adéquates en retour. Si cela ne se passe pas comme prévu, c'est toujours la faute du cavalier, jamais celle du cheval.

« J'ai entraîné mes chevaux pour faire un défilé de mode »

Depuis une trentaine d'années, les spectacles équestres du célèbre dresseur Jean-François Pignon émerveillent le monde entier. Voltige, cascades... La joyeuse équipe repousse sans cesse ses limites, soudée par une confiance inébranlable et l'énergie positive de son meneur. Ce dernier est un jour contacté par une grande créatrice de mode. Que leur réserve donc cette expérience inédite ?

UNE TROUPE FAMILIALE

Lorsque Jean-François se remémore son enfance dans la ferme de ses parents, le nom d'une jument bien particulière lui revient en tête. « *Quand j'avais 7 ou 8 ans, mon père m'a fait le plus beau cadeau de Noël possible : il m'a offert ma propre jument, Gazelle – le cadeau d'une vie !* » Très vite, le petit garçon se lie d'amitié avec elle, partagé entre la curiosité et la frayeur. Ce grand animal le change beaucoup du petit agneau auquel il avait jusque-là appris des tours pour s'amuser. « *Au début, j'étais plus impressionné qu'en proie à un coup de foudre. Déjà, lorsque j'avais rencontré Choupette, une grande jument que mon père s'était précédemment achetée, sa vigueur était telle qu'un jour, je n'ai pas réussi à la rattraper alors qu'un coup de vent avait ouvert le portail de notre cour... J'étais rodé avec les agneaux, mais là, c'était une autre paire de manches !* »

Cependant, sa fascination prend bien vite le dessus avec Gazelle, même si « *sa carrure et sa puissance* [l]'*intimidaient* », se souvient-il. Tous deux passent des heures à jouer ensemble : balades, trajets à l'école, soirées... Inséparables, ils grandissent et se forment ensemble au travail en liberté (« *Déjà, cette méthode m'avait beaucoup plu lorsque je m'amusais avec mon agneau !* »). Jean-François développe peu à peu une façon de faire bien à lui, qui lui permet de communiquer calmement avec sa jument sans la contraindre. Chacun décrypte les demandes de l'autre, peaufine la réalisation des exercices, jusqu'à offrir une belle harmonie visuelle.

Et depuis ? Les écuries de Jean-François se sont bien remplies – tout comme son agenda ! Allemagne, Suisse, Chine, Angleterre, Estonie... Pendant les trente dernières années, sa troupe – qui compte désormais treize chevaux – a enchaîné les représentations éblouissantes au cours desquelles les protégés de Jean-François exécutent des figures en liberté totale, sous le regard bienveillant de leur meneur. « *Treize chevaux, cela fait du monde sur la piste, mais je les connais tous et j'arrive à garder un œil sur chacun d'entre eux !* » Jeunes et plus âgés évoluent en harmonie chez lui et se forment sereinement à l'art du spectacle en liberté.

Même si le travail en liberté requiert sérieux, discipline, entraînement et technique, Jean-François s'attache à entretenir une ambiance familiale au sein de sa troupe. « *Je ne sélectionne pas mes chevaux spécialement pour mon numéro : certains sont arrivés à la maison un peu par hasard, d'autres y sont nés... et ils font aujourd'hui partie de la troupe.* » En répétition, Jean-François construit son spectacle en communiquant avec ses chevaux à travers un langage corporel et un subtil jeu de regard. Chacun décrypte les demandes de l'autre et, au fur et à mesure, les corps se meuvent en harmonie pour créer une gracieuse chorégraphie, impressionnante de technique et de confiance homme-animal.

Mais au fait, qui sont les sept juments qu'a mobilisées Jean-François (qui travaille habituellement avec treize chevaux) pour ce défilé ? « *Dans ma troupe évolue Tiwy, une petite jument issue d'un croisement entre un Camargue et une Shetland. Dominée du groupe, elle s'applique bien ! Vient ensuite Gazelle, jument Camargue, petite par la taille avec un fort caractère sur les autres qui en fait la dominante. Elle est très respectueuse des humains. Quant à Vista, une jument croisée Lipizzan, Barbe, et d'une autre race dont je n'ai jamais su le nom, c'est une grande sensible : elle avait peur des êtres humains mais, aujourd'hui, elle en est très proche ! Les quatre autres juments sont toutes espagnoles et ont le même père. Xena est la plus grande du groupe et deuxième dans la hiérarchie. Elle possède un caractère très joueur. Fidèle, sa petite sœur au physique d'étalon, ne la quitte pas d'un sabot – elles sont si mignonnes que je les surnomme "les sœurs siamoises" ! Riviere est très dynamique et pleine de bonne volonté... sauf quand elle a affaire à de l'eau, qu'elle déteste. À la tête de ce joyeux groupe siège Heaven : elle est certes un peu tête en l'air, mais elle parvient à mener tout le monde en spectacle.* »

« Nous ne le savions pas encore, mais, petit à petit, nous avons attiré l'attention du monde de la mode... »

APPEL SURPRISE

Toujours partant pour faire rayonner sa troupe à l'étranger, Jean-François se produit à Londres, en 2012, à l'occasion du jubilée de la reine Élisabeth II, puis en 2016 pour ses 90 ans. Des événements grandioses, au cours desquels la famille royale, le public anglais et des journalistes du monde entier ne quittent pas des yeux le célèbre dresseur et sa troupe équestre, qui ravissent chaque fois petits et grands... et, manifestement, créateurs de mode ! « *C'est là-bas, sur la piste en indoor, que, sans que je le sache, on m'avait repéré.* » Un beau jour, le téléphone de Jean-François sonne : à l'autre bout du fil, un membre de l'équipe de la maison Stella McCartney, connue pour sa conscience sociale et écologique. La marque, séduite par la beauté des spectacles de Jean-François et engagée pour le bien-être animal, le sollicite pour son prochain défilé automne-hiver 2023-2024 à la Fashion Week de Paris.

Jean-François et sa troupe ont beau avoir l'habitude de la scène et des tournées, ils ne s'attendent pas à une telle demande... mais ils n'en sont pas moins motivés.

« *J'aime énormément ce genre d'opportunités, que la vie m'offre, non pas pour relever le défi, mais parce que cela nous sort un petit peu, mes chevaux et moi, de nos habitudes.* » Toutefois, il en est bien conscient, ce n'est pas une mince affaire... Mille et une questions lui viennent en tête : comment habituer ses chevaux à ce nouvel environnement, au contact des mannequins à proximité ? « *C'était chaud,* se souvient-il, *mais j'ai dit oui pour cette affaire, qui promettait d'être riche en rebondissements !* »

BRANLE-BAS DE COMBAT

Pas de secret : que l'on prépare un spectacle ou un défilé, il faut s'entraîner ! « *Après plusieurs appels avec les équipes de mode, j'ai reçu tous les détails et je connaissais les conditions du défilé : il se déroulerait à Paris, lors de l'une des Fashion Week de l'année 2022, LE rendez-vous auquel se rend toute la* fashion sphere. » Malgré l'effervescence qui règne, Jean-François prend soin de préparer ses chevaux à cette piste un peu particulière : « *Quand on travaille en spectacle, on est dans des manèges ou sur des grandes pistes en sable. Or, ici, je devais travailler avec mes chevaux sur un couloir de sable tout en longueur (9 × 50 mètres), et les mannequins défileraient juste à côté, le long de ce couloir. Quant au public, il serait positionné dans des gradins parallèles au podium.* » S'ajoute aussi la musique qui résonnera dans tout l'endroit, imposant à Jean-François de redoubler de concentration pour ne pas perdre l'attention de ses chevaux.

Qu'à cela ne tienne, Jean-François et sa troupe s'y mettent, malgré le temps limité : « *J'ai tout de même réussi à m'entraîner des semaines avant de venir à Paris, mais, à l'inverse d'une tournée durant laquelle on répète beaucoup et on construit un spectacle pendant plusieurs mois avant de le présenter au public des dizaines de fois, là, on avait beaucoup moins d'entraînement et une seule chance de se produire.* »

Après avoir recréé chez lui les conditions du défilé sur son propre terrain, Jean-François entraîne ses chevaux à évoluer dans cet espace de taille réduite. « *Je devais faire plusieurs figures en liberté avec eux : les faire tourner en rythme autour de moi, leur demander de se coucher, leur faire exécuter un pas espagnol... Il fallait être organisé !* » Sensible au mal que se donne son meneur, la troupe répond présent : « *Toutes mes juments me suivaient comme d'habitude. C'est d'ailleurs quelque chose que j'aime beaucoup chez eux : on est un groupe, mais on fait tous attention les uns aux autres, ils me regardent en permanence quand on travaille, à la maison ou en spectacle. Ils me sont dévoués, je le sens, et cela me touche énormément.* »

EN PISTE À LA FASHION WEEK

Arrivé à Paris sans encombre, Jean-François vérifie chaque détail avant de se jeter dans le grand bain... et remédie de justesse à un petit oubli concernant une mesure de sécurité qui aurait pu avoir des conséquences désastreuses. « *En défilé, les mannequins étaient très concentrées, si bien qu'elles ne prêtaient pas attention à mes chevaux. Et moi, j'avais très peu d'espace pour faire mes figures : 9 mètres seulement ! Si l'une de mes juments se déconcentrait et se décalait ne serait-ce que de 10 centimètres dans un cercle au galop, elle risquait de percuter l'une des mannequins... Je devais tout mesurer au millimètre près. On a décidé de placer une ficelle transparente pour matérialiser la séparation entre les mannequins et mes chevaux. Cela me rassurait et me permettait de garder ces derniers dans l'espace qui leur était réservé. Ainsi, on était sûrs d'éviter que survienne un accident.* » Ouf, place au spectacle !

Ce premier stress passé, Jean-François se plonge dans son numéro en faisant particulièrement attention à la musique : « *Quelques changements y avaient été appliqués, alors je ne la connaissais pas très bien... Or tout devait être millimétré : mes juments devaient rentrer toutes au galop, en rythme avec la musique. Chaque seconde, chaque centième de seconde comptait. Ensuite, pour mes figures, il fallait garder la cadence.* » Le temps file en un éclair : « *Un défilé de mode ne dure pas très longtemps : en quelques minutes, tout est terminé, et toutes les mannequins ont fini de défiler. Alors mes chevaux et moi, on s'est astreints à un timing très précis !* »

Les yeux fixés sur ses sept partenaires de scène, Jean-François ne relève pas la tête. « *Je dois toujours observer si un cheval a plus du mal à suivre le rythme que les autres. Quand c'est le cas, si l'un d'entre eux se montre fébrile ou décroche, je prends le temps de faire un petit échange de respiration avec lui pour lui dire que tout va bien, que je suis avec lui et qu'il n'y a pas de quoi s'inquiéter.* »

Miracle : tout se déroule à merveille. Jean-François et ses chevaux font sensation, et le défilé est un succès. « *Dans cette nouvelle expérience, j'ai été encore une fois très agréablement surpris par mes chevaux, qui m'ont de nouveau fait confiance. J'arrive à les amener dans des conditions qui sont un peu extrêmes parfois, et ils me suivent toujours. Entre eux et moi, il existe un lien très fort, une connexion réciproque. J'ai des chevaux extraordinaires, alors, lorsqu'on travaille ensemble, je veille toujours à leur faire apprécier les exercices que je leur propose et à leur inculquer le goût d'apprendre. Ainsi, quand je leur présente une nouveauté, ils sont déjà prêts à me suivre à fond sans regarder en arrière. Depuis le temps qu'on se connaît, ils me font confiance !* »

Et maintenant, repos bien mérité pour tout le monde ! Bien loin de la scène et des projecteurs, ce que Jean-François préfère par-dessus tout, ce sont les moments privilégiés qu'il passe aux côtés de ses compagnons. « *Au quotidien, quand j'entraîne mes chevaux, j'ai l'impression de suivre une thérapie. Quand je suis avec eux, je ressens une sorte de bien-être profond... J'ai l'impression qu'ils comprennent mon langage, ce que je veux leur dire.* »

Une relation aussi forte que subtile, qu'il est parvenu à développer à force de travail et de bienveillance : « *Je crois que je n'ai jamais été aussi proche d'eux : quand je pense à un exercice et que je les vois l'accomplir, avant même d'avoir donné des indications, c'est magique. Ces instants de calme et d'apaisement me sont très chers, parce que je me trouve aux côtés des animaux que j'aime.* »

L'importance
du travail à pied

Plus vous passerez de temps aux côtés de votre cheval, plus vous formerez un duo solide. De ce point de vue, le travail à pied est indispensable ! Avant de monter sur son dos, vous devez apprendre à l'apprivoiser. La bonne nouvelle, c'est que travailler avec un cheval à pied est à la portée de tout le monde.

INSTAURER DES CODES GRÂCE AUX CINQ SENS

Le cheval est un animal intelligent qui a ses propres codes de communication avec ses congénères.
Il est possible de « parler cheval » avec lui, en mettant en place des codes qui lui permettront de comprendre ce que vous lui demandez.

LA VUE

Le cheval, sensible au langage corporel, réagit donc en fonction de votre attitude. La posture de votre corps est très importante : si vous vous tenez bien droit, dans une attitude confiante, vous lui transmettrez une intention bien claire. En revanche, si vous vous présentez dans une posture relâchée et hésitante, vous risquez de semer la confusion dans son esprit.

LE REGARD

Le placement de vos yeux est aussi primordial à pied, parce qu'il influence naturellement votre posture, et donc votre cheval. En fonction de l'exercice choisi, placez votre regard soit au loin, soit en regardant (ou non) votre monture.

LA VOIX

Les codes vocaux s'instaurent au fil du temps. Ils sont utilisables dans le travail à pied, en longe par exemple, quand on veut faire des changements d'allure ou des transitions. Une intonation légère et chantante peut s'associer à une « récompense vocale » ou à une indication d'accélérer. Une voix posée et calme est souvent requise pour ralentir ou apaiser.

Une fois instaurés, ces codes peuvent s'utiliser dans la vie quotidienne, même en selle : un sifflement pour ralentir, un claquement de langue pour un départ au galop, un mot pour l'arrêt... Au fur et à mesure, on peut composer un alphabet sur mesure avec son cheval.

LE TOUCHER

À l'aide de pressions plus ou moins appuyées sur le corps du cheval, vous pouvez lui faire comprendre vos intentions. Par exemple, exercer une certaine pression (sans lui faire mal) vous permet de faire reculer la monture, de l'inciter à déplacer ses hanches ou ses épaules. Après qu'elle a répondu correctement, relâchez la pression pour lui montrer qu'elle est « dans le confort » (sans pression) dès que son comportement répond à tes attentes.

Au fil des entraînements, cette pression peut être de plus en plus subtile et légère, jusqu'à devenir superflue : à terme, quand vous aurez passé suffisamment de temps à travailler ces mouvements avec votre cheval, il réagira plutôt aux mouvements que vous lui adresserez, sans que vous ayez besoin de le toucher.

CHACUN SON ESPACE

Évoluer à pied avec votre cheval vous offre la possibilité de lui apprendre à ne pas envahir votre espace personnel. Pour vous aider, vous pouvez visualiser son espace et le votre comme deux grandes bulles qui ne doivent pas se briser. Il ne pourra pas pénétrer dans la votre tant que vous ne l'y aurez pas invité : c'est « votre » espace.
Pour qu'il progresse et apprenne à rester dans sa zone, vous pouvez effectuer des exercices visant à l'éloigner de vous, par exemple en le faisant reculer (au début avec une pression de tes mains sur le poitrail, puis simplement avec un geste).

UNE CONFIANCE RÉCIPROQUE

En pratiquant le travail à pied (en longe, en jouant ou en effectuant des exercices au sol), vous apprendrez à vous connaître et consoliderez la confiance qui cimente votre duo. Vous grandirez ensemble, étape après étape. Au fil des exercices et des séances, essayez aussi de familiariser votre cheval avec des objets qu'il perçoit comme « effrayants » : sacs plastique, parapluie, bâches...

Cela vous servira forcément au quotidien. S'il a déjà fait face à des situations déstabilisantes avec vous pendant le travail à pied, il sera rassuré à vos côtés si elles se présentent à nouveau et vous fera confiance. Il vous suivra alors partout !

Un moment de partage

Le travail à pied permet un véritable apaisement. Il aide le cavalier et le cheval à s'apprivoiser l'un l'autre, à se « connecter ». C'est donc un moment à ne pas négliger dans la construction d'une relation durable avec sa monture.

Dans le cas du tournage d'un film, un cascadeur équestre, expert dans la relation homme-cheval, se charge de suivre et de coacher les chevaux-acteurs pendant les scènes où ils « jouent ». Il leur apprend à chuter, les habituent à des bruits nouveaux (explosions, brouhaha, etc.). Tout comme Jean-François et ses juments, le cascadeur équestre accompagne son cheval au quotidien, dans un milieu artistique où les délais sont parfois stressants.

« On a fait naître une star »

Un beau jour, à l'élevage normand de Bélhème, Frédéric Aimez et sa fille, Laure, n'en croient pas leurs yeux : du haut de ses 3 ans, l'une de leurs pouliches vient d'accomplir un exploit ! Cette belle jument fera vibrer le public des plus grands concours durant les années à venir...

UNE FAMILLE QUI PORTE BIEN SON NOM

Si le métier d'éleveur évoque plus volontiers la science de la génétique et le sport de haut niveau, cette profession permet avant tout de vivre des moments chargés d'émotion à ceux qui l'exercent. Dans la famille Aimez, c'est par amour des chevaux que Frédéric s'est lancé dans l'élevage professionnel et a fondé celui de Bélhème, quarante ans auparavant : « *J'aime mes poulains comme ils sont. Ils ont tous quelque chose à apporter à quelqu'un, quel que soit leur niveau.* »

« Nous traitons tous nos chevaux de la même manière, avec amour et passion. »

Cette passion anime aussi sa fille, Laure, qui travaille depuis une quinzaine d'années à l'élevage, dont elle reprendra bientôt les rênes : « *Le plus beau, pour moi, c'est d'assister au poulinage*[15]*. Les juments donnent naissance à leurs petits au calme, dès la tombée de la nuit. Quand mon frère et moi étions enfants, nous allions le soir aux écuries pour regarder... Un moment magique !* »

Dès que l'alarme retentit pour signaler le passage à la mise-bas, père et fille sautent du lit et courent assister la jument en plein travail : « *On se prend une décharge d'adrénaline, c'est fou !* » Une hâte motivée par une curiosité toute scientifique (« *Après onze longs mois de gestation, le croisement que l'on a imaginé est enfin là, sous nos yeux !* »), mais aussi par celle de rencontrer un « *petit nouveau* » : « *Je crois aussi que je suis accro à mes poulains : j'adore m'occuper d'eux, passer du temps à leurs côtés, les papouiller...* », sourit Laure.

Un éleveur doit en effet nouer un lien sain avec chacun de ses poulains, pour lui donner un bon départ et confiance en lui (voir p. 108-109). Chacun s'attache progressivement à l'autre, pour vivre des moments de complicité, qui permettent de faire face aux aléas du quotidien : « *Quand on est éleveur, on vit pour ses chevaux, on y passe ses journées et ses nuits. On est très rigoureux, même si ce métier est très dur physiquement. Il y a beaucoup d'imprévus, beaucoup de hauts et de bas.* »

Qu'à cela ne tienne, « *quand cela ne va pas, on s'accroche... et on se relève toujours ! Lorsque l'un de nos petits protégés est acheté et part s'entraîner chez ses nouveaux propriétaires pour commencer sa carrière sportive, on ne peut s'empêcher d'avoir un pincement au cœur, même si au fond, on est contents pour lui.* » Un sentiment mêlé de nostalgie et de fierté familier à n'importe quel parent, et que ressentiront bientôt Frédéric et Laure à l'égard de leur petite Dynamix...

---

[15] Action de mettre bas, de donner naissance, pour une jument.

La Normandie, terre natale de Dynamix.

PREMIERS PAS HORS DU NID

Dynamix, une pouliche à la robe baie, pointe le bout de son nez à Bélhème au printemps 2013. Son caractère pétillant et son regard malicieux attendrissent toute la famille, qui fond devant sa belle crinière noire et la grande liste blanche qui court sur le devant de sa tête. Toute petite déjà, elle rayonne et a une certaine allure. Après trois ans passés à s'occuper d'elle et à la regarder grandir dans les pâtures de l'élevage en compagnie de sa maman et des juments de son âge, Frédéric et Laure décident de la faire entrer dans la cour des grands.

Le jour J, Dynamix, en pleine forme, se retrouve donc en carrière, face à un petit obstacle à sauter. Frédéric et Laure soumettent généralement leurs jeunes chevaux à cet exercice avant le débourrage et le début du travail monté avec un cavalier. Le but ? Évaluer les aptitudes naturelles du cheval au jumping.

Dans un petit galop, Dynamix s'élance et franchit l'obstacle avec légèreté et une facilité déconcertante. Frédéric et Laure n'en reviennent pas. Ils ont devant eux une future star (« *On aurait dit qu'elle avait fait ça toute sa vie ! Elle avait tout : le goût pour le saut et le geste. On était bluffés* »). Ils le savent : leurs chemins se sépareront bientôt.

« Dynamix faisait partie des graines de championne les plus évidentes. »

Après avoir été débourrée et avoir commencé le travail sur le plat et à l'obstacle, Dynamix déménage en Suisse chez ses nouveaux propriétaires pour continuer son entraînement. C'est avec émotion que Frédéric et Laure la regardent partir : « *Dynamix faisait partie des graines de championne les plus évidentes. Elle a toujours tout compris, répondu à toutes nos demandes et attentes. Notre relation en un mot ? "Facile." Il n'y a jamais eu de conflit ou de déception avec elle, tout était simple et positif.* »

Soudain, l'inespéré se produit. Quelques mois plus tard, alors qu'elle prend des nouvelles de son ancienne protégée, Laure reçoit une vidéo de Dynamix évoluant dans le manège du champion olympique Steve Guerdat[16] : « *Les bras m'en sont tombés. Notre Dynamix sous la selle d'un tel cavalier...* » Les essais se déroulant à merveille, ce dernier ouvre bientôt les portes de sa prestigieuse écurie à la jeune jument. C'est la fierté générale à Bélhème... et le soulagement.

En effet, conscients de l'exigence du sport de haut niveau, Laure et Frédéric sont rassurés de voir Dynamix concourir avec le cavalier suisse : « *Steve et Fanny Guerdat sont vraiment des "personnes de cheval". On a la chance d'être en contact avec eux. Ils font preuve de bienveillance et mettent tout en place pour le bien-être de leurs chevaux, c'est vraiment chouette* », souligne Frédéric, soucieux comme à son habitude de la santé mentale et physique de la jeune jument.

[16] Steve Guerdat détient l'un des meilleurs palmarès au monde. Il a notamment été champion olympique de saut d'obstacles à Londres en 2012, avec son cheval Nino des Buissonnets.

Bien encadrée et toujours en contact avec ses éleveurs, Dynamix progresse en douceur, jusqu'à intégrer – à 9 ans seulement ! – l'équipe nationale de jumping avec Steve, en 2022. « *Cela fait chaud au cœur de voir l'un de nos poulains accomplir un tel parcours et accéder à ce niveau de compétition. On travaille sans relâche à leur épanouissement, dès leur naissance, afin d'en faire des adultes bien dans leurs sabots. Aussi, à l'annonce de cette nouvelle, on a su qu'on avait fait du bon travail avec Dynamix au début de sa vie, et qu'on l'avait mise entre de bonnes mains.* »

« On travaille sans relâche à leur épanouissement, dès leur naissance, afin d'en faire des adultes bien dans leurs sabots. »

La jeune jument n'a en outre pas fini de faire vivre des sensations fortes à ses éleveurs, pour le moment sereins ; Steve vient en effet de décider qu'il la montera aux prochains championnats d'Europe de Milan ! Toute la famille se rassemble alors autour de Dynamix, nageant dans un bonheur immense et partagé.

La petite Dynamix de Bélhème, âgée de 2 jours seulement !

MISE À L'ÉPREUVE

Septembre 2023. C'est le jour J, ou plutôt la « semaine S ». Fraîchement arrivée à Milan en début de semaine, Dynamix s'habitue au soleil italien – bien différent de celui de ses terres natales ! – et à l'ambiance de la compétition. Cette dernière, qui se déroule du mercredi au dimanche, accueille une vingtaine de pays, soit 80 cavaliers et leurs montures. Du mercredi au vendredi, les cavaliers s'affronteront par équipes, qui se composent, pour chaque pays, de quatre couples.

La remise des médailles aux équipes gagnantes aura lieu le vendredi après-midi. Après avoir repris des forces le samedi (jour de repos), ceux qui auront accompli les meilleures performances pendant ces premiers trois jours se disputeront dimanche, dans une finale en deux manches, le titre de champion d'Europe en individuel.

Les objectifs de Steve et Dynamix, qui portent les couleurs de la Suisse, sont simples : viser un bon score en équipe et une qualification en finale individuelle dimanche. On est mercredi matin, et le championnat débute par une épreuve de vitesse. Dynamix s'élance...

« On débordait de fierté à l'idée de la voir à Milan. »

En Normandie, à plus de 1 000 kilomètres de l'hippodrome San Siro de Milan, toute la famille Aimez retient son souffle : « *On n'était pas à Milan, mais on a regardé tous les parcours de Dynamix – on ne les aurait pas ratés pour tout l'or du monde. On débordait de fierté à l'idée de la voir à Milan – quelle histoire que la sienne ! Si on devait définir Dynamix en un mot, on choisirait "accomplissement", parce qu'elle a parcouru un tel chemin.* »

Mercredi, jeudi, vendredi... Pendant trois jours, Bélhème vibre au rythme des épreuves qui s'enchaînent à un rythme ébouriffant. Malgré des obstacles verticaux de 1,60 mètre de haut et des oxers d'environ 2 mètres de large, Dynamix et Steve s'en sortent indemnes mercredi et jeudi, dans une chaleur qui ne leur facilite pourtant pas la tâche.

Les classements provisoires sont dévoilés vendredi matin : ils sont troisièmes en individuel, et l'équipe de Suisse également. Hélas, c'est la désillusion l'après-midi pendant l'épreuve finale par équipes : si le duo effectue un parcours sans faute, ses coéquipiers commettent quelques erreurs en piste, et la Suisse finit sixième. Déçus, Dynamix et Steve ne se laissent pas abattre : deuxièmes au classement provisoire en individuel, ils sont qualifiés pour la finale de dimanche !

C'est le grand jour. Tout le monde est à son poste : Laure et Frédéric devant leur téléviseur, Dynamix et Steve en place pour la première manche de la finale. En raison de leur excellent classement provisoire, ils partiront avant-derniers[17]. Leur tour arrive enfin – Bélhème se fige. Le duo boucle un splendide parcours sans aucune faute, maintenant sa deuxième place au classement.

---

[17] Ici, l'ordre de départ des cavaliers pour la finale se fait dans l'ordre inverse du classement provisoire : le premier part dernier, le deuxième avant-dernier, etc. (dans cette situation, comme 24 cavaliers sont en lice, c'est le 24e qui part en premier). Faire partie des derniers à s'élancer permet d'observer la difficulté du parcours et d'analyser les erreurs des autres concurrents – Dynamix et Steve occupent donc une place de choix.

Boum ! Alors que Dynamix et son cavalier savourent cette première réussite, leur concurrent suédois, pourtant expérimenté et grand favori de la compétition, fait tomber une barre, écopant d'une pénalité de quatre points. Le voilà donc relégué en deuxième place… et Steve propulsé en tête du classement. L'équipe suisse saute de joie dans la zone du *kiss and cry*[18], mais rien n'est encore joué. Frédéric et Laure le savent : il reste encore la deuxième manche.

Allez, encore un effort, tout le monde y croit : si Dynamix et Steve font un sans-faute dans ce parcours de douze obstacles, ils seront sacrés champions. Respirer, penser à son objectif, ne rien lâcher. Cette fois-ci dernier à s'élancer, Steve prend le départ avec un galop rythmé, avec une Dynamix aussi fraîche qu'au premier jour. Elle enchaîne les sauts avec fluidité, légère comme une biche. Le douzième et dernier obstacle est déjà en vue !

---

[18] Voir Lexique p. 138.

> « Tout le monde nous demande si Dynamix nous reconnaît... Chaque fois qu'on lui rend visite, elle a les oreilles en avant, nous fait des câlins, pose la tête sur notre épaule. Elle est toujours contente de nous voir. En même temps, on a toujours une tonne de pommes ou de carottes avec nous, voire les deux ! »

À Bélhème, le temps s'est arrêté : toute la famille est suspendue aux sabots de Dynamix. La jument prodige de Laure et de Frédéric va-t-elle s'en tirer ? Silence. Trois foulées, deux, une. Dynamix prend son envol, les yeux du public rivés à sa trajectoire... et elle atterrit de l'autre côté de la barre sans encombre sur l'herbe.

Alors qu'elle franchit la ligne d'arrivée, l'équipe suisse, de concert avec la foule, explose de joie. Tout sourire, Steve brandit son casque avec joie : ils l'ont fait ! L'ambiance est aussi à la liesse en Normandie, comme le raconte Laure, les yeux encore voilés de larmes : « *Lors de la finale, on était tous les quatre avec mon frère, Papa et ma belle-sœur Pauline. Quand on a vu que Dynamix avait gagné, on a tous pleuré. Elle a accompli un exploit incroyable ! J'étais hyper fière pour mon père, c'est vraiment le plus beau sentiment que j'aie jamais éprouvé.* »

UNE FIERTÉ FAMILIALE

Quelques semaines après leur sacre à Milan, Dynamix et Steve ont droit à un hommage lors du Concours hippique international de Genève, en décembre. « *Bravo aux champions d'Europe 2023 !* » peut-on lire sur deux immenses banderoles qui surplombent la piste. Le rideau s'ouvre, les lumières s'allument. Le fameux couple fait son entrée sous les vivats pour un tour d'honneur et rejoindre, au milieu de la carrière, ses équipes, les officiels du concours... et surtout Frédéric et Laure, émus.

> « Même si je savais lui dire merci dans toutes les langues, cela ne suffirait pas ! »

Face à eux déambule l'attachante jument qu'ils ont vue naître chez eux, et qui évolue désormais avec l'un des cavaliers les plus médaillés de sa génération. « *Vivre des moments comme ceux-là grâce à elle, c'est extrêmement gratifiant par rapport à tout le travail accompli avec elle – on dirait bien que les étoiles étaient alignées. Il y a cinq ans, avec Papa, on s'est demandé si on pouvait continuer l'élevage... Grâce à Dynamix, un nouvel avenir s'offre à nous : elle me permettra de poursuivre ma carrière. Même si je savais lui dire merci dans toutes les langues, cela ne suffirait pas !* »

Cette jument hors norme, qui a su se frayer un chemin jusqu'au plus haut niveau, n'a pas fini de faire parler d'elle, puisqu'elle a remporté la médaille d'argent aux Jeux Olympiques de Paris 2024. « *Elle nous épate de jour en jour. Steve nous a remerciés d'avoir donné naissance à une telle pépite, comme il la surnomme... C'est la meilleure jument du monde, c'est notre fierté !* »

Et depuis ? Dynamix continue son ascension, et de faire rayonner à l'international le travail de Laure et Frédéric, qui garderont toujours un œil sur leur petite protégée, quelle que soit la distance qui les sépare.

Élever
un poulain

Le métier d'éleveur est une profession de passionnés, d'hommes et de femmes de cheval. Il est toujours attendrissant de faire naître un poulain et de le voir grandir, mais cela implique aussi de grandes responsabilités.

GÉNÉTIQUE

Pour qu'un bon poulain voie le jour, l'éleveur doit avoir une excellente connaissance des caractéristiques physiques et mentales de la jument qui le portera ; il doit donc connaître ses poulinières par cœur. Cela l'aidera à envisager ce qu'elles transmettront à leur descendance, et à procéder au meilleur croisement possible avec un étalon. Acquérir ces connaissances et cet œil d'expert demande des années de pratique et de vie aux côtés du troupeau, mais aussi un bon instinct.

COMPLICITÉ

L'éleveur étant celui qui accompagne les juments lors de leur mise-bas, c'est l'un des premiers êtres humains avec lequel le nouveau-né fait connaissance. Ce dernier sera marqué à vie par ces toutes premières interactions avec l'homme. Tisser un lien de complicité dès le début est donc primordial, parce qu'il façonne la manière dont le cheval réagira avec les humains. Bien sûr, dans un premier temps, la jument éduque son petit, lequel évoluera ensuite souvent au sein d'un troupeau, dont il apprendra les codes et la hiérarchie (voir p. 51).

CONFIANCE

La confiance doit fonder les rapports entre un éleveur et ses poulains, qui apprennent à grandir à ses côtés. C'est quand ils ont foi en l'homme que les chevaux peuvent pleinement se révéler et se construire sereinement. La relation, qui se bâtit dès le début de la vie de l'animal, passe par les échanges qu'on peut avoir avec lui, une routine et des soins quotidiens. À force de se côtoyer, humain et cheval instaurent un véritable dialogue entre eux, qui reflète le respect que chacun témoigne à l'autre.

Assurer le bon déroulé d'une naissance

Une mise-bas à la maison constitue une aventure extraordinaire. Ces jours-là, une ambiance fébrile règne toujours : un nouveau-né représente beaucoup de responsabilités. Il est conseillé pour un éleveur amateur de s'entourer d'éleveurs professionnels, de personnes d'expérience et de vétérinaires, qui suivront la gestation puis l'état de santé de la maman une fois son petit né.

« J'ai retrouvé mon meilleur ami après deux ans de séparation »

Pendant des années fabuleuses, le cavalier de jumping belge Grégory Wathelet a évolué aux côtés de Forlap, un superbe cheval bai. La vie a mis à rude épreuve leur relation fusionnelle, mais s'est aussi chargée de les réunir, presque par miracle.

UNE PÉPITE À SABOTS

Lorsque Forlap rejoint les écuries de Grégory en 2012, la complicité naît tout de suite entre ces deux-là. La manière dont le cavalier professionnel, dont la carrière est déjà bien entamée à ce moment-là, approche le nouveau venu, fonctionne immédiatement : « *Dans ma philosophie, je m'efforce de "penser cheval", c'est-à-dire d'aller toujours dans le sens de l'animal, sans jamais le contraindre par la force. Si vous allez contre lui, cela sera toujours peine perdue. Lorsque je me trouve face à un cheval que je ne connais pas, je commence toujours doucement, afin de le construire pas à pas. Je veux lui donner confiance en lui et l'envie de travailler avec moi, en me montrant bienveillant et compréhensif. Parfois, j'ai un peu le sentiment d'éduquer un enfant.* »

Grégory entraîne donc Forlap tranquillement, en utilisant un seul obstacle, isolé dans la carrière, pour lui faire travailler l'abord, la réception et l'équilibre. D'autres exercices visant à améliorer l'endurance et la musculature de sa nouvelle recrue complètent l'entraînement. Pratiquée quotidiennement, cette routine simple et sans artifice (« *Pour le saut en lui-même, je fais très peu d'exercices ciblés. Il faut simplement apprendre à connaître son cheval et élaborer un programme en fonction de ce qu'il peut donner* ») renforce leur connivence. Forlap a un « truc », Grégory le sent : « *Ensemble, on ne faisait qu'un. On avait vraiment une relation spéciale tous les deux, si intense qu'on ne pouvait l'expliquer… J'étais le premier étonné : que m'arrivait-il ?* »

Certes, tout petit déjà, Grégory adorait se lier d'amitié avec les animaux qui peuplaient la ferme de ses parents (« *Quand j'étais enfant, un poney est arrivé chez nous un jour, et j'ai commencé à m'en occuper, à lui créer des petits parcours d'obstacles. Au départ, ce qui me plaisait par-dessus tout, c'était la relation avec l'animal ; le sport a fait son apparition plus tard* »), mais il n'avait encore jamais éprouvé un tel attachement pour un cheval. « *Pour moi, c'était plus qu'un cheval, c'était vraiment comme une relation amoureuse. Ça te tombe dessus, comme un coup de foudre !* se souvient-il. *Quand tu es fou d'une fille, tu ferais n'importe quoi pour elle. Avec Forlap, c'était la même chose.* »

« Mon attachement dépassait le cadre sportif : c'est simple, je ne pouvais pas passer une journée sans lui ! »

De son côté, Forlap adhère à cette relation aussi intense que privilégiée, qui le conduit à s'illustrer à plusieurs reprises sous la selle de Grégory sur les plus belles pistes du monde : Lummen (Belgique), La Corogne (Espagne), Doha (Qatar), Dublin (Irlande), Arezzo (Italie)… Malheureusement, deux ans plus tard, tout s'écroule : Forlap est vendu.

TRISTESSE ET NOSTALGIE

À l'annonce de la nouvelle, Grégory sombre dans un grand désarroi : « *À peine Forlap avait-il fêté ses 9 ans que la vie nous a séparés, et nous avons dû prendre des routes différentes. J'ai eu énormément de mal à le laisser partir.* » Des souvenirs reviennent en mémoire du cavalier : leur tour du monde de concours en concours ; leur premier parcours d'obstacles en compétition en Espagne, où Forlap, malgré son jeune âge, n'avait pas touché une seule barre ; l'étape du championnat de Belgique des chevaux de 7 ans, qu'ils avaient remportée en enchaînant les parcours sans faute..., mais aussi des moments plus intimes, aux écuries. Bref, deux années de complicité, riches en moments partagés ensemble, que ni Forlap ni Grégory n'oublieront de sitôt.

« J'ai eu énormément de mal à le laisser partir. »

Forlap a laissé un vide derrière lui. Grégory, à qui son cheval de cœur manque cruellement, poursuit tant bien que mal sa carrière. Sur le dos d'autres montures, il ne peut s'empêcher de penser à lui : que fait-il en ce moment ? Se porte-t-il bien ? Même si le lien noué avec Forlap est incomparable, Grégory se surprend à songer à ses débuts et à la première jument pour laquelle il s'était pris d'amitié. Elle s'appelait Firis de la Maine ; on la lui avait confiée alors qu'il n'avait que 18 ans – il commençait tout juste à se professionnaliser. Ils étaient devenus très vite complices : « *Elle était géniale en piste, elle a été très importante pour moi.* »

C'est avec elle que Grégory a appris, petit à petit, à construire une relation étape par étape, comme il l'a fait ensuite avec Forlap. Si seulement ce dernier pouvait réapparaître à l'horizon, tout redeviendrait alors comme avant... Plutôt que de revivre leurs performances sportives sous les vivats de la foule, Grégory paierait cher pour passer ne serait-ce que dix minutes aux côtés de son ami. « *Ce que j'aime avant tout, c'est être avec mes chevaux et avec mes animaux en général.* »

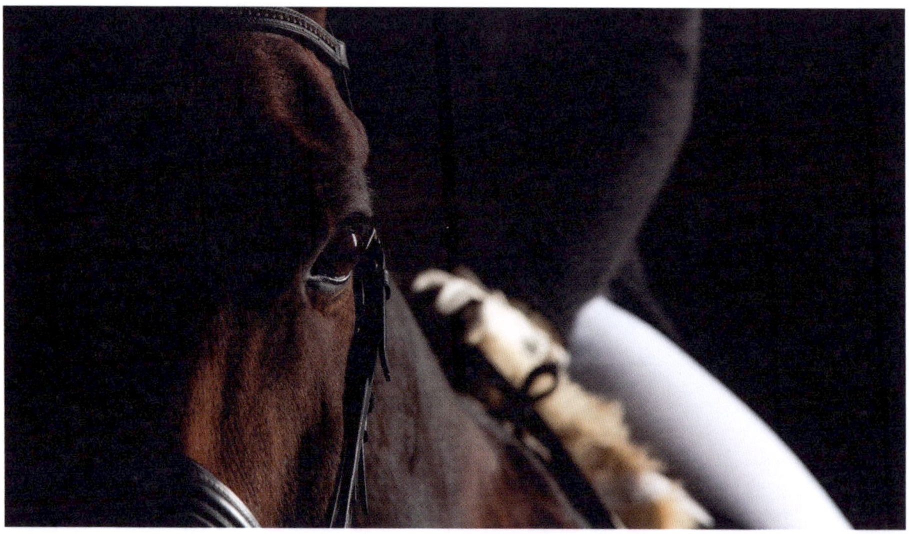

RETROUVAILLES

Un après-midi de 2016, pendant que Grégory est occupé aux écuries, la fortune frappe à sa porte : Forlap est de nouveau à vendre – la nouvelle vient de tomber, lui annonce la propriétaire des chevaux qu'il entraîne. Ni une ni deux, le cavalier saute sur cette occasion en or et part revoir son meilleur ami. Il le montera comme autrefois et, pourquoi pas, essaiera de le racheter. Deux ans qu'ils sont séparés ! Deux longues années passées à se morfondre, alors pourquoi ne pas tenter le coup ?

Lorsqu'ils se retrouvent, tous deux sont assaillis de souvenirs, et Grégory se hisse sur Forlap avec enthousiasme pour effectuer un petit parcours. Rien n'a changé : leurs sensations, le plaisir d'être ensemble, les capacités hors norme de Forlap pour le jumping… « *À ce moment-là, j'ai eu le sentiment que Forlap était content que je le remonte, qu'il en avait envie. Cela paraît peut-être un peu fou, mais je l'ai ressenti ainsi.* »

L'essai se passe d'ailleurs si bien que la propriétaire des chevaux que monte Grégory accepte de racheter Forlap. Ses paroles resteront gravées pour toujours dans la mémoire du cavalier : « *"C'est bon, c'est le tien, et il restera avec toi jusqu'à la fin", m'a-t-elle dit après avoir signé la vente. C'est le plus beau cadeau que l'on m'ait fait !* » À peine la vente est-elle confirmée que Grégory saute dans sa camionnette et roule toute la nuit pour aller chercher Forlap et le ramener à la maison. Le duo ainsi reformé reprend ses entraînements… et retrouve sa connivence. « *C'était comme au premier jour entre nous : on se comprenait, on n'avait rien perdu de ce qu'on était deux années auparavant.* »

« C'était comme au premier jour entre nous : on se comprenait. »

En quelques semaines seulement, le couple Forlap-Grégory revient à son niveau d'avant et foule les pistes de concours : le CHI de Genève, Jumping de Bordeaux, finale de la Coupe du monde… Fous de joie d'évoluer ensemble à nouveau sous les feux des projecteurs, ces deux-là paraissent inarrêtables. C'est alors que tout bascule à nouveau à la suite d'un accident.

ADIEU POUR DE BON

Un jour de décembre 2017, l'impensable survient dans les écuries de Grégory. Un accident de longe se produit, et Forlap se blesse gravement. On le transporte en clinique et on tente de le soigner, mais des complications surviennent. Après de nombreuses nuits sans sommeil, et autant de journées au cours desquelles Forlap se bat pour survivre, Grégory reçoit la terrible nouvelle : selon l'équipe médicale, qui est formelle, il vaut mieux laisser partir Forlap. Le cavalier, encore éprouvé par le souvenir de ces deux interminables années de séparation qui ne sont pas si lointaines, n'en croit pas ses oreilles : « *À ce moment-là, j'ai ressenti une immense douleur. Revoir partir Forlap, et pour de bon cette fois-ci, était inimaginable.* »

« Revoir partir Forlap, et pour de bon cette fois-ci, était inimaginable. »

Secoué, Grégory songe alors à tout arrêter : « *C'est le seul et unique moment dans toute ma carrière où je ne voulais plus du tout monter à cheval. Je le savais, j'étais tombé dans le piège que tout cavalier professionnel apprend à éviter avec les années : en général, on n'essaie de ne pas trop s'attacher à sa monture, parce qu'elle peut changer d'écurie à tout moment... C'est tellement difficile ! Là, comme j'ai eu la chance d'avoir Forlap sous ma selle pendant un certain moment, je me suis inévitablement attaché à lui.* »

Le cavalier vivra la perte de Forlap comme un « *cataclysme* », qui bouleversera à jamais sa relation avec les chevaux : « *Cette tragédie a changé ma vision des choses. Aujourd'hui, j'ai beaucoup plus de mal à m'attacher aux chevaux, par peur de les perdre comme j'ai perdu le cheval de ma vie.* »

Plusieurs mois seront nécessaires à Grégory pour qu'il se remette de cette épreuve et aille de l'avant avec d'autres montures. Il continue aujourd'hui sa carrière à haut niveau... mais pas un jour ne passe sans qu'il ait une pensée pour son meilleur ami. Si une partie de lui-même s'en est allée avec Forlap, nul doute cependant que le beau bai continue de veiller sur son cavalier.

Comprendre les chevaux

pour mieux les soigner

Lorsque votre cheval est légèrement malade, votre vétérinaire résoudra la situation rapidement et tout rentrera dans l'ordre. Toutefois, en cas de problème plus grave imposant à votre protégé une longue convalescence, le soignant devra se montrer empathique et à l'écoute de l'animal. Si cette période n'est jamais facile pour le cavalier, à l'image de Grégory Wathelet, elle ne l'est pas non plus pour le vétérinaire qui, à force de vouloir sauver le cheval coûte que coûte, s'attache à lui.

UNE FRAGILITÉ INDISCERNABLE

Malgré leurs 500 kilos et leur imposante carrure, les chevaux sont des animaux très sensibles. Ils sont vulnérables à certaines pathologies, en particulier sur les plans musculo-squelettique et digestif. Leurs membres allongés et fins les exposent à des tendinites, des boiteries, des fractures... Bien sûr, ces désagréments ne touchent pas tous les animaux ; certains y sont plus sensibles que d'autres.

Leur « résistance » dépend de leur race et de leurs origines, mais également de leur mode de vie, de l'effort sportif qu'on leur demande, et de la routine de récupération et/ou de soins qui y est associée. Si un cheval effectue, selon un rythme correspondant à son âge, des exercices adaptés à sa morphologie, tout en bénéficiant de soins réguliers et d'un mode de vie sain incluant des sorties en plein air, il devrait avoir moins de « pépins » qu'un animal surmené et sans accès à l'extérieur.

Un cheval possède également un système digestif très complexe, pourvu d'un tube digestif de plus de plus de 25 mètres de long – ce qui allonge la liste des problèmes possibles. Une bonne alimentation prévient bien sûr les soucis comme les coliques, mais ces dernières peuvent être aussi dues au stress, à la chaleur ou à d'autres facteurs. Il faut donc être vigilant et bien connaître sa monture pour remarquer immédiatement qu'il a un problème : attitude qui change, boiterie, fatigue, membre chaud... Repérer le souci permet de mesurer sa gravité et de faire appel à son vétérinaire si nécessaire.

L'IMPORTANCE DU VÉTÉRINAIRE

Le vétérinaire joue un rôle primordial aux écuries, en particulier dans sa relation avec le propriétaire et le cheval. Ce dernier a besoin de se sentir en sécurité avec le praticien pour que les interventions médicales se déroulent avec fluidité et efficacité. Un bon vétérinaire équin sait d'ailleurs « lire » ce que l'animal lui « dit », parfois même sans l'ausculter. C'est ce que souligne le chirurgien-vétérinaire belge Tom Marien, qui a ouvert, en 2000, la clinique EquiTom, dont les locaux se trouvent à Lummen et à Namur, en Belgique.

Son objectif ? Venir en aide aux chevaux du monde entier en développant des techniques d'opération chirurgicale toujours plus innovantes. *« Depuis toujours, je suis passionné et fasciné par les animaux, plus particulièrement par les chevaux, avec lesquels j'aime créer un lien durable, explique-t-il. Dans ma vie, j'ai vu naître des centaines de poulains… et aussi vu mourir autant de chevaux, ce à quoi on ne s'habitue jamais vraiment. Après plus de quarante ans passés à vivre et à travailler à leurs côtés, je les comprends beaucoup mieux, je sais lire leur langage, prédire certains comportements et certaines réactions… Je peux aussi décrypter dans les yeux d'un cheval quand la fin est proche.*
Tout cela, je l'ai acquis au fil des années et des expériences partagées avec chacun d'entre eux. J'ai accompagné beaucoup de chevaux dans leurs derniers instants, je me suis battu de toutes mes forces pour tenter de les aider. J'ai pu sauver de nombreux chevaux qui se trouvaient dans un état critique, dont certains étaient presque déjà morts. Lorsque vous sauvez un cheval, il ne l'oublie jamais. Un lien vraiment très spécial, qu'il est difficile de décrire, se crée. »

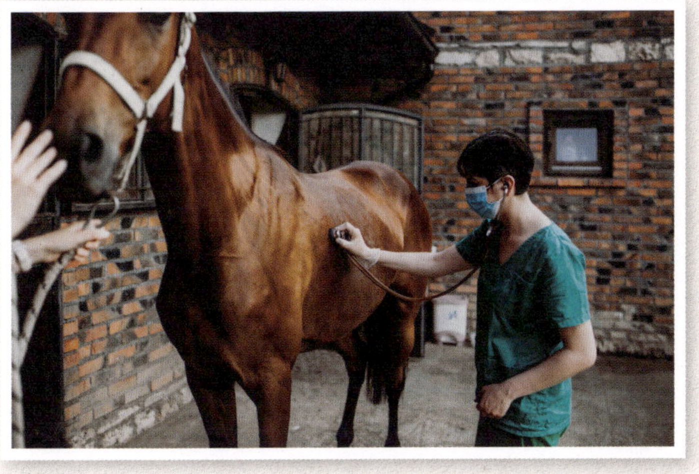

Connaissez-vous la profession de « chuchoteur de chevaux » (*horse whisperer* en anglais) ? Ce métier, qui requiert une certaine expérience avec les chevaux, se fonde sur l'observation et une approche douce de l'animal. À l'aide de méthodes et de gestes qu'il a mis au point au fil des ans, ou qu'il a appris auprès de professionnels (comme Pat Parelli, voir p. 32), le « chuchoteur » parvient à engager un dialogue avec le cheval qu'il a devant lui. Rassuré par la patience et le calme de son interlocuteur humain, ce dernier est plus disposé à lui obéir que s'il avait été contraint.

« Quabri est devenu un membre de ma famille »

Si le cavalier brésilien Pedro Veniss pouvait revivre ses instants favoris vécus avec son cheval Quabri de l'Isle, il ne saurait lequel choisir, même pour tout l'or du monde. Heureusement, certains lui sont revenus, qu'il se remémore toujours avec autant de plaisir et d'émotion.

SAUVÉ AU PIED LEVÉ

Belgique, début des années 2010. L'effervescence règne dans les écuries de Pedro Veniss : son cheval de tête vient d'être vendu, pour vivre de nouvelles aventures sous la selle d'un autre cavalier. Pedro se met alors en quête d'un cheval pour le très haut niveau… et croise la route de Quabri de l'Isle, un jeune et bel alezan : « *Le nez dans mes recherches, voilà qu'un jour, j'aperçois Quabri sauter lors d'un Grand Prix 2*[19]. Son style, son aisance… Tout m'a plu chez lui !* »

> « *Amor a primeira vista*, comme on dit chez moi, au Brésil : entre nous deux, ça a été un véritable coup de foudre ! »

Hélas, la monture, alors travaillée dans les écuries de Rodrigo Pessoa[20], n'est pas encore à vendre. La chance sourit à Pedro quelques années avant les Jeux Olympiques de Rio : « *Le propriétaire de Quabri souhaitait s'en séparer. Je me suis donc empressé de l'essayer, avant de l'acheter.* » Le courant passe immédiatement pendant cette séance : seulement trois sauts suffisent à convaincre Quabri et Pedro qu'ils sont faits l'un pour l'autre.

C'est décidé : Quabri rejoint les écuries de Pedro en 2014. Leur objectif : participer ensemble aux JO de Rio, qui ont une valeur particulière aux yeux du Brésilien : « *"Tu sais, ce n'est pas donné à tout cavalier de participer aux Jeux, et encore moins à domicile", m'a dit toute ma famille. Alors Quabri et moi, on était plus que partants pour tenter l'aventure !* »

Les séances d'exercice se déroulent à merveille. Quabri s'y attelle sans rechigner et se montre très volontaire envers son cavalier. « *On se comprenait bien, tous les deux. Quabri était généreux et bienveillant, je l'ai tout de suite senti. Il aimait beaucoup jouer et, quand il voulait s'exprimer, c'était juste pour s'amuser, montrer qu'il était content d'être là. Il ne faisait jamais de bêtises !* »

Encouragé par cette attitude et les qualités que montre Quabri (« *Il avait un potentiel incroyable : de la force, un super galop et du respect* »), Pedro lui fait de plus en plus confiance : « *Plus je le laissais s'exprimer et faire comme il voulait, mieux il sautait et meilleur il était !* »

---

[19] Voir Lexique p. 138.

[20] Célèbre cavalier brésilien, champion olympique de saut d'obstacles en individuel aux JO d'Athènes en 2004.

Les succès s'enchaînent bientôt pour le duo : « *Dès l'été 2014, on participait aux Jeux équestres mondiaux en Normandie, puis on est allés à Barcelone, où on a accompli un double sans-faute. En 2015, on a terminé troisièmes du Grand Prix de Calgary, au Canada. Durant les huit années qu'on a passées ensemble, on a pris part, Quabri et moi, deux fois aux championnats du monde, deux fois aux Jeux Olympiques, deux fois aux Jeux Panaméricains... C'est un cheval d'exception, qui a toujours été régulier dans ses efforts.* »

Pedro le voit bien, Quabri se sent de plus en plus à son aise sur les plus grands terrains de concours. « *Quarante mille spectateurs avaient beau avoir les yeux rivés sur nous dans des stades pleins à craquer, il ne se laissait pas impressionner, et il y allait ! Mentalement, il a toujours été très fort.* »

Pedro face à la mythique coupe du Rolex Grand Slam, lors de sa victoire à Genève.

SENSATIONS EN SELLE

À peine remis des émotions de leurs différents succès en compétition, Pedro et Quabri doivent affronter les JO de Rio, qui arrivent à grande vitesse. C'est l'effervescence dans la tête du cavalier : « *Rien que de participer aux JO, on avait une de ces pressions ! Et puis on concourait chez nous, à domicile, devant notre public.* » Plus que les efforts et les épreuves relevées, c'est le fait d'avoir vécu cette incroyable aventure avec Quabri qui restera gravé dans la mémoire de Pedro : « *Je me souviendrai toujours du moment où on se préparait à entrer en piste. Je marche à cheval dans le couloir qui mène à la carrière. J'entends toute mon équipe et les spectateurs brésiliens scander "Brésil, Brésil, Brésil !".* »

À ce moment-là, Quabri sent la fébrilité de son cavalier et se met à hennir. « *C'était comme s'il voulait me dire : "Reste calme, Pedro, tout ira bien." Tout à coup, je me suis senti vraiment heureux de vivre ce rêve d'enfant avec lui !* »

« Tout à coup, je me suis senti vraiment heureux de vivre ce rêve d'enfant avec lui ! »

Un moment fort pour ce duo, qui sera suivi d'un autre dans la même année : lors du Concours hippique international de Genève, Quabri parvient à se dépasser et rebat les cartes en pleine compétition. « *Au CHI, on participait au Rolex Grand Prix, qui se déroule toujours le dimanche de la compétition. Ce jour-là, je suis sans faute, et j'exulte : on est en plein milieu d'une des plus prestigieuses épreuves du monde, et ça sent bon pour nous !* » Seulement voilà : les cavaliers sans pénalités sont sélectionnés pour le jump off afin d'être départagés, c'est le règlement.

Au programme : une épreuve de rapidité. « *Il fallait être rapide pour gagner. Nous étions quinze à prendre le départ, et on partait en troisième position.* » Tout en se mettant en place, Pedro évalue la situation : malgré ses facultés, Quabri est un peu lent en piste. Les chances de victoire paraissent très minces…

Tant pis, Pedro tente le tout pour le tout en se fiant entièrement aux réflexes de Quabri : « *Sur mon parcours, j'ai pris des risques, j'ai tourné très court, j'ai enlevé une foulée… et ça a fonctionné ! Avec la confiance que l'on avait l'un en l'autre, on y est arrivés. On formait vraiment un couple, lui et moi, ce qui nous a permis de surmonter bien des situations stressantes en concours.* »

Encore tout tremblants à la fin, Pedro et Quabri relèvent la tête et, surpris par la clameur de la foule, prennent peu à peu conscience de ce qu'ils ont accompli : la victoire est à eux ! Bien que soudés par ces instants uniques, ces deux-là entretiennent une relation qui dépasse le plan sportif : à force de s'encourager mutuellement avant les compétitions et de passer du temps ensemble, Pedro et Quabri se sont réellement pris d'affection l'un pour l'autre.

HOME SWEET HOME

Quand ils ne galopent pas par monts et par vaux, Pedro et Quabri adorent se promener tous les deux au calme, loin des vivats de la foule. « *Ce que je préférais au quotidien ? Monter Quabri tranquillement le matin. Il aimait bien se balader avant que l'on commence à travailler. Entamer mes journées à ses côtés m'apaisait et me mettait dans de bonnes dispositions pour la suite.* »

Peu à peu, le duo parvient à tenir des conversations bien à lui pendant ces moments privilégiés : « *Une fois en selle, j'écoutais son corps et parvenais à "sentir" son état physique. Cela me permettait de réfléchir simultanément à un programme du jour qui lui correspondrait parfaitement. Bref, on se "parlait" sans parler !* »

Rompu aux exigences des concours et conscient du rythme intense qu'elles peuvent imposer à sa monture, Pedro profite aussi de ces instants de relâchement pour transmettre à Quabri son affection : « *Je lui flatte souvent l'encolure lorsque je suis content de lui. Ces promenades, ces moments à le laisser brouter au calme étaient une façon pour moi de le remercier de tout ce qu'il faisait pour moi. Grâce à Quabri, je garde de merveilleux souvenirs des années de compétition qu'on a vécues ensemble.* »

Quabri parvient à se faire une place dans le foyer de Pedro, qui lui confierait sa fille sans hésiter : « *D'ailleurs, je l'ai fait à la maison ! Je l'ai mise en selle, alors qu'elle avait à peine 3 ans, en menant Quabri au pas.* » À peine le cheval sent-il la petite fille sur lui qu'il s'adapte à sa jeune cavalière. Lui qui déborde habituellement d'énergie et ne s'en laisse pas conter, le voilà à marcher tout doucement, « *comme un cheval de club* ».

« Je ressentirai un amour éternel pour lui ! »

Comme l'explique Pedro, sa monture sait se montrer attentive au cavalier qu'elle a sur le dos : « *Il a toujours été gentil et attentif. Cette réciprocité faisait notre force : il faisait tout pour moi, et je faisais tout pour lui. Je ressentirai un amour éternel pour lui !* »

Après avoir remporté de multiples succès, participé aux Olympiades et représenté le Brésil à de maintes occasions, toutes plus mémorables les unes que les autres, le duo se sépare en décembre 2021. L'heure de la retraite a sonné pour Quabri de l'Isle. Pour le remercier une dernière fois, Pedro choisit Genève afin de faire un dernier tour d'honneur sur son dos, sur cette piste où il a remporté « *la plus belle victoire de sa carrière* ».

L'émotion est présente sur tous les visages alors que le cavalier adresse ces mots au cheval de sa vie : « *J'avais un rêve d'enfant, gagner les plus beaux concours, et c'est toi qui m'as permis de les réaliser. Tu es plus qu'un cheval, tu es un ami, un confident. Mon Quabri, tu es, et tu resteras, le meilleur ami que j'aie jamais eu.* » Les joues maculées de larmes, Pedro écoute la foule applaudir son bel alezan qui, toujours aussi expressif, galope une dernière fois vers la sortie de piste...

« *Obrigado, Quabri !* »

Maîtriser
ses émotions à cheval

On compare souvent un cheval à une « éponge à émotions » tant il est sensible. Le cavalier doit donc rester calme et maître de lui-même, notamment en apprenant à contrôler sa respiration en selle, qu'il travaille à la maison ou s'entraîne avant un événement très important. À l'image de Pedro Veniss, alors qu'il avait la gorge serrée de nervosité et de fierté lorsqu'il est entré en piste aux JO de Rio.

PETITS EXERCICES DE RELAXATION

Personne n'échappe à un petit coup de stress ! Heureusement, il existe différentes méthodes de respiration qui vous aideront à vous apaiser et à vous concentrer. Découvrez-les ci-dessous.

• La respiration abdominale

En respirant avec le bas de votre ventre, et en vous concentrant sur l'air qui entre en vous et qui descend dans votre ventre, vous ferez baisser votre rythme cardiaque. Cet exercice vous aidera à vous relaxer, à relâcher vos muscles et donc à transmettre un message de sérénité à votre monture. Vous pouvez le faire avant de monter en selle ou à pied avec votre cheval quand il est stressé.

• La cohérence cardiaque

En respirant régulièrement (cinq secondes d'inspiration, cinq d'expiration) pendant cinq minutes, vous réduirez votre stress assez rapidement. La cohérence cardiaque vous permettra ainsi de rester calme et concentré. Vous pouvez aussi vous rapprocher d'un sophrologue ou d'un préparateur mental, qui vous aidera à vous entraîner.

Lorsque l'on est tendu, on a tendance à l'exprimer malgré soi : mains moites, cœur battant la chamade, souffle haletant… Bref, autant de manifestations que perçoit le cheval ! Il risque alors de devenir peureux et craintif à son tour. À l'inverse, si vous êtes décontracté en selle, votre cheval sera plus serein.

QUAND ET OÙ PRATIQUER ?

• Chez vous

Vous pouvez vous entraîner à la maison une ou deux fois par semaine au calme, afin d'apprendre à bien respirer et de trouver votre rythme.

• Avec votre cheval

Vous pouvez pratiquer ces exercices avec votre cheval dès que vous en ressentez le besoin. Par exemple, à pied avant de vous mettre en selle si vous appréhendez un exercice, ou quand votre cheval est lui-même nerveux. Le stress se transmet naturellement, mais la sérénité aussi ! Alors, si votre cheval est angoissé (à cause de quelque chose d'inhabituel : vent, bruit inquiétant...), respirez avec calme pour détendre l'atmosphère. Votre monture entendra votre respiration et percevra votre tranquillité, ce qui l'apaisera.

À retenir

On oublie souvent les vertus de la respiration, élément pourtant clé pour bien communiquer avec son cheval. À terme, elle peut même devenir une partie intégrante d'une routine que vous avez mise en place tous les deux, comme un petit rituel, au même titre que le pansage ou l'échauffement. Moyen aussi simple que bénéfique, la respiration, bien utilisée, ne peut que profiter à la relation cavalier-cheval.

« Sligo et moi, on est partis en roadtrip »

En 2012, Sligo est arrivé dans ma famille à l'âge de 6 ans. Moi, je venais de souffler mes dix bougies et d'obtenir mon Galop 2 ; je cherchais un poney pour progresser en selle. Depuis le début, il s'est toujours montré plein de vitalité et m'a aidée à me perfectionner petit à petit. À ses côtés, j'ai passé tous mes Galops, beaucoup appris sur le terrain, essayé plein de disciplines différentes… et même créé une chaîne YouTube !

SOIF DE NOUVELLES AVENTURES

« Cela me paraissait tellement fou et fascinant à la fois de pouvoir mêler mes deux passions – les chevaux et les rencontres – que je n'ai pas hésité une seule seconde ! Restait à trouver une destination… »

Au début, je nous filmais, Sligo et moi, avec le caméscope familial, que nous sortions surtout en vacances, et je montais des petites vidéos dans ma chambre avant de les mettre en ligne. Au fur et à mesure, je suis parvenue à publier environ une vidéo par semaine… et de plus en plus d'internautes suivent aujourd'hui notre quotidien ! Au fil des mois, des événements équestres auxquels nous participions, des rencontres, notre chaîne YouTube a pris de plus en plus d'ampleur. Au bout de quelques années, désireuse de nous lancer dans un projet créatif plus ambitieux et de vivre des moments encore plus marquants avec Sligo, j'ai l'idée de partir en roadtrip à l'étranger avec lui, en juillet 2020.

PRÉPARATION MINUTIEUSE

Après avoir réfléchi quelque temps, je choisis assez naturellement les Pays-Bas pour mon voyage, parce que c'est une terre de cheval, où un très grand nombre de cavaliers sont installés. L'organisation commence en septembre 2019. Bien sûr, ce n'est pas évident : je dois m'occuper de trouver des écuries où loger Sligo tout au long du séjour, des lieux pour des séances photos, des photographes disponibles et surtout… un camion.

Parallèlement, Sligo et moi poursuivons nos entraînements. Je ne fais plus de compétition, mais je monte toujours à cheval trois ou quatre fois par semaine après les cours – en prévision du roadtrip, nous devons rester en forme ! Il doit aussi travailler son mental, parce qu'il n'a pas tellement l'habitude de « ne pas être chez lui » : nous n'avons jamais fait trop de concours ensemble, donc nous n'avons pas expérimenté les week-ends sur la route, comme le font beaucoup de cavaliers en compétition.

Bien sûr, je partais régulièrement « en vacances » avec lui, mais c'était souvent dans son élevage en Mayenne, dans des lieux qu'il connaissait bien. Alors partir en vadrouille

Sligo et moi en plein shooting photo devant le Palais royal d'Amsterdam !

« Puisque j'adore découvrir de nouvelles écuries et rencontrer des cavaliers sur les pistes de concours, pourquoi ne pas aller les voir directement chez eux ? »

sur la route pendant trois semaines d'affilée, en changeant d'hébergement tous les deux jours, est un chamboulement énorme pour lui. Après avoir enchaîné les mails et les coups de fil, mon projet prend peu à peu forme. J'ai la liste des cavaliers que j'aimerais rencontrer et interviewer, une idée des villes que je visiterai avec Sligo, les lieux où nous nous ferons photographier... Bref, ça promet ! Le COVID me contraignant à décaler notre départ de quelques mois, j'ai même davantage de temps pour peaufiner les derniers détails d'ici août 2020. Ça y est, notre itinéraire est tout tracé. J'ai tout millimétré pour que tout se déroule parfaitement. Nous commencerons notre périple par le sud des Pays-Bas, puis nous irons faire un petit tour sur la côte pour profiter des plages néerlandaises.

Nous nous rendrons ensuite tout au nord du pays en passant par Amsterdam et Eindhoven, et redescendrons plus tard jusqu'à Maastricht, pour finir notre voyage dans la petite ville d'Aix-la-Chapelle, en Allemagne. Et, après avoir passé trois semaines sur les routes, nous rentrerons en France.

EN ROUTE !

20 juillet 2020. L'heure du grand départ va bientôt sonner ! Aux écuries, je charge toutes nos affaires dans mon camion Barbot et règle les derniers détails avant d'entamer une bonne nuit de sommeil. Le lendemain, nous roulerons vers notre première destination, des écuries de dressage spécialisées dans le travail des jeunes chevaux, tout au sud des Pays-Bas. De longues heures de conduite nous attendent... Au petit matin, après une dernière vérification, nous sommes fin prêts : je mets ses protections de transport à Sligo, qui monte dans le camion avec entrain, et nous partons. Pendant le trajet, mon cheval est très calme le premier jour, et aussi les jours suivants. Je respire : *so far, so good!*

Après avoir séjourné aux écuries Brouwer, nous allons filmer des reportages sur l'attelage de la famille royale des Pays-Bas, à Ouddorp, puis roulons jusqu'au nord du pays, à la rencontre de Jan Enne Kloosterboer, un juge de dressage à la renommée mondiale. Mes parents et moi emmenons ensuite Sligo dans une autre écurie de dressage pour y prendre des cours. Nous rencontrons ensuite Eva Roemaat et Jesse Drent, deux artistes équestres, et allons plusieurs fois à la plage avec Sligo... Nous faisons aussi des photos en ville, avant d'aller voir le champion olympique Maikel van der Vleuten dans ses écuries !

Au fil du voyage et de nos différentes escales, nous rencontrons des personnalités du monde du cheval, nous prenons des cours de dressage, et nous posons devant les photographes que j'ai sollicités. Afin de m'assurer de son bien-être, je surveille toujours Sligo du coin de l'œil et, me semble-t-il, je ne suis pas la seule à passer un bon moment. Chaque jour, mon poney a le regard qui pétille et les oreilles en avant : il aime être au centre de l'attention et parader face à la caméra. Après une semaine de route, il s'est même déjà bien accoutumé à notre rythme et finit par monter dans le camion tout seul – un vrai cheval voyageur !

AMSTERDAM À CHEVAL

Si je devais me souvenir d'un seul moment parmi tous les instants mémorables que nous avons vécus ensemble pendant ces trois semaines de voyage, je choisirais la séance photo à laquelle nous nous sommes prêtés au cœur d'Amsterdam. C'est l'une des rares parties du voyage que je n'ai pas pu complètement organiser : je n'avais pas trouvé de photographe à temps, mais j'avais laissé la visite au programme, parce que j'aurais regretté de ne pas passer par la capitale...

La veille au soir, je parviens malgré tout à rassembler trois personnes pour m'aider dans ce projet. Un beau matin, à 6 heures tapantes, juste à côté de la gare centrale amstellodamoise, Sligo descend de son camion. Moi, je le tiens en longe et nous nous promenons donc fièrement sur les pavés. L'équipe de photographes que j'ai mobilisée prend quelques clichés en s'adaptant au rythme de Sligo, puis nous avançons dans les rues. Même s'il y a beaucoup de circulation – scooters, voitures et vélos s'activent déjà –, mon cheval me suit sans broncher, au bout de la longe avec laquelle je le mène.

Nous continuons notre promenade devant le Palais royal, trottinant le long des canaux, et finissons aux environs du musée Van-Gogh. Ce dernier est bordé d'une immense pelouse publique, où l'on peut s'étendre et profiter de la vue. Il est encore assez tôt et, malgré la météo très clémente ce jour-là, personne ne s'est encore allongé dans l'herbe... Alors, si j'essayais d'y faire une petite séance d'entraînement avec Sligo ? Je m'élance au petit galop sur le gazon – mon poney est plus que ravi de pouvoir se défouler. Les passants nous regardent, intrigués et souriants. Un cheval en ville, cela ne court pas les rues... Après quelques heures passées à prendre des photos et du bon temps, Sligo remonte dans son camion, déjà prêt à reprendre la route.

Si Sligo pouvait parler – si seulement ! –, il me dirait, je pense, qu'il a beaucoup aimé le roadtrip qu'on a entrepris tous les deux. C'étaient vraiment ses vacances à lui, on le sentait. À le voir parader et montrer autant d'entrain dans son camion, c'était lui, la vraie star de cette histoire un peu folle. Partout où il passait, on le regardait et on le prenait en photo... Il est un phénomène, et il le sait !

Et nous voici à Amsterdam, sur la pelouse devant le musée Van-Gogh. Le temps était super, et, comme tu peux le voir, Sligo a très bien pris la lumière !

Remerciements

Je remercie chaleureusement les Éditions Larousse ainsi que tous les interviewés qui ont accepté de m'accorder leur temps pour répondre à mes questions.

Je remercie mes parents, qui m'ont permis de découvrir l'équitation et toujours encouragée dans ma passion.

Merci à Jeanne Hirel, Clémence Faivre, Gilles Le Mouellic, Maya Denis, Thierry Rozier, Benjamin Aillaud, Pauline Basquin, Jean-François Pignon et son épouse Sylvie, Frédéric et Laure Aimez de l'élevage de Bélhème, Grégory Wathelet et Pedro Veniss !

Je remercie également beaucoup les photographes Pauline Bernuchon, Lola Bonnard, Clémence Chapelle, Marine Delie, Timothée Pequegnot, Guillaume Ruchaud, Léa Torres (Éclat Agency), Tiffany van Halle et Rachel van Marwijk pour leurs superbes photographies.

Je tiens aussi à remercier ma meilleure amie Stéphane Bonelli, qui m'a bien aidée dans la relecture de certains textes. Merci Stéphane !

Enfin, je remercie la clinique EquiTom, Julie Le Guelvouit, Guillaume Levesque et Pauline Delaunay.

HILFIGER
TOMMY
HILFIGER

Votre cheval
et vous

Maintenant, à vous d'écrire votre propre histoire !
Notez ci-dessous votre ou vos meilleur(s) souvenir(s)
que vous aurez vécu(s) à cheval.

Collez votre photo préférée ici !

LEXIQUE ET MOTS IMPORTANTS

Assiette

Maintien du cavalier en selle.

Barn

Dans le monde de l'équitation, un barn désigne un grand bâtiment abritant deux rangées de boxes à chevaux séparées par un couloir central. À ne pas confondre avec l'anglais *barn*, qui désigne une grange.

Box

Petit enclos ou local réservé au logement individuel des chevaux.

Carrière

Espace délimité, rectangulaire, sablé, en plein air, où les cavaliers travaillent et entraînent les chevaux.

Coupes des Nations de jumping

Circuit équestre international mis en place par la Fédération équestre internationale (FEI), qui se compose de huit étapes et se déroule généralement de mai à septembre. Chaque pays est représenté par une équipe de quatre cavaliers, qui se confrontent à des parcours de douze obstacles.

Dérouler une reprise

En dressage, on dit que le cavalier « déroule une reprise » lorsqu'il enchaîne une suite de figures et de mouvements précis avec sa monture.

Équipe de France Jeunes Cavaliers

En jumping, la catégorie « Jeunes Cavaliers » de l'équipe de France est ouverte aux sportifs âgés entre 18 et 21 ans. Elle fait suite à la catégorie Juniors (14-18 ans), elle-même précédée de la catégorie Children (12-14 ans).

Étoiles

En jumping, le nombres d'étoiles associé au nom d'une compétition représentent le prestige de l'événement, la technicité de l'épreuve et la hauteur des barres. Par exemple, Pedro croise ainsi Quabri pour la première fois lors d'un « Grand Prix 2* » ; le Grand Slam, l'un des championnats les plus prestigieux, est toujours estampillé 5*, etc.

Faute

Erreur que peut commettre un cavalier en épreuve (jumping, dressage, etc.). Selon la gravité de la faute, il perd plus ou moins de points sur sa performance globale.

Haute école

En art équestre, l'appellation « haute école » renvoie à un travail de dressage approfondi avec la monture afin de réaliser des poses et des figures très complexes.

Jump off (ou barrage)

Second parcours mis en place après le parcours général pour départager tous les cavaliers sans faute, comme Pedro et Quabri lors du Rolex Grand Prix. Pour créer ce parcours, on retire certains obstacles du premier et on redispose ceux qu'on laisse. En général, sur une épreuve comptant une cinquantaine de participants, seuls une dizaine d'entre eux sont sélectionnés pour le jump off. Selon leurs performances, ces cavaliers se placent plus ou moins haut dans un second classement qui leur est uniquement consacré, établi en marge du premier.

Kiss and cry

On appelle ainsi la zone où les supporters les plus proches de l'athlète l'encouragent lorsqu'il concourt – on retrouve une *kiss and cry area* en patinage artistique, par exemple.

Longe

Courroie pour attacher un cheval, pour le conduire à la main ou pour le faire travailler sur un cercle autour d'un cavalier.

Oxer

Obstacle de concours de saut d'obstacles ou de concours complet composé de deux plans verticaux de barres parallèles, séparés par une distance variable.

INDEX

A-B

C

Crédits photographiques

Toutes les photos sont issues de © Shutterstock,
à l'exception des suivantes :
© Famille Aimez : p. 19 hg, p. 103, p. 105.
© Pauline Bernuchon : p. 45.
© Lola Bonnard : p. 16 hd, p. 33, p. 39.
© Clémence Chapelle : p. 29.
© Marine Delie : p. 16 hg, p. 23.
© Maya Denis : p. 57.
© Éclat Agency : p. 17 hd, p. 18 bg, p. 53, p. 91, p. 95.
© Mathilde Labat : p. 7, p. 11, p. 13, p. 131, p. 135.
© Gilles Le Mouellic : p. 17 hg.
© Timothée Pequegnot : p. 18 hd, p. 81.
© Guillaume Ruchaud : p. 18 hg, p. 71, p. 87.
© Tiffany van Halle : p. 19 hd et bg, p. 67, p. 107, p. 111, p. 121, p. 122.
© Rachel van Marwijk : p. 129, p. 132-133.
© Thierry Rozier : p. 17 bg, p. 63.
© Grégory Wathelet : p. 115.

Direction de la publication
Isabelle Jeuge-Maynart et Ghislaine Stora

Direction éditoriale
Émilie Franc et Julie Martin

Édition
Philippine Richard

Relecture-correction
Élise Lejeune

Direction artistique
Géraldine Lamy

Couverture
Clarisse Delande

Mise en pages
Lucile Jouret

Fabrication
Marina Dartigues-Plum

ISBN : 978-2-03-606624-3

Pour les Éditions Larousse, le principe est d'utiliser des papiers composés de fibres naturelles, renouvelables, recyclables et fabriquées à partir de bois issus de forêts qui adoptent un système d'aménagement durable. En outre, les Éditions Larousse attendent de leurs fournisseurs de papier qu'ils s'inscrivent dans une démarche de certification environnementale reconnue.

Imprimé en Espagne par Macrolibros SL
Dépôt légal : février 2025
336251/01 - 11055198 - décembre 2024
LIVRES-LAROUSSE@larousse.fr

PAPIER À BASE DE FIBRES CERTIFIÉES

LAROUSSE s'engage pour l'environnement en réduisant l'empreinte carbone de ses livres. Celle de cet exemplaire est de : 1,1 kg éq. CO_2
Rendez-vous sur www.larousse-durable.fr